Andrea Margreiter

Step by step – mein Weg zurück

Studia Verlag Innsbruck 2024

gedruckt mit freundlicher Unterstützung von

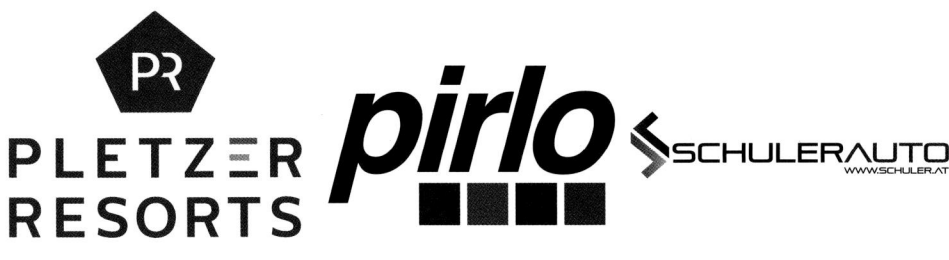

Alle Rechte, insbesondere das Recht der Vervielfältigung, der Verbreitung, der Speicherung
in elektronischen Datenanlagen sowie der Übersetzung, sind vorbehalten.

Coverfoto: Dr. Christian Hohlrieder, Münster, foto@atelier-hohlrieder.at

© 2024 STUDIA Verlag
Herzog-Siegmund-Ufer 15/Innrain 52f
A-6020 Innsbruck
verlag@studia.at
http://www.studia.at

ISBN 978-3-99105-061-1

***Du*erst*

*Liebe meines Lebens
Licht in dunkler Nacht,
rufe dich vergebens,
bin schwach hab keine Macht.*

*Sonne meines Herzens
liebe dich so sehr,
werd´ dich immer lieben
jeden Tag noch mehr.*

Gedicht von Manfred an mich

Einleitung

Hallo, vielleicht sollte ich mich erst einmal vorstellen. Ich heiße Andrea Margreiter, bin mittlerweile 55 Jahre alt und lebe in einer ca. 5000-Seelen-Gemeinde Namens Kundl in Tirol. Eine Marktgemeinde, die sicherlich vielen durch die Firmen Novartis oder Sandoz ein Begriff ist.

Seit nunmehr 23 Jahren leben wir, das heißt mein Mann Manfred, unsere Tochter Valentina und ich, in einem Reihenhäuschen im Zentrum der Gemeinde. Uns geht es hier sehr gut und wir genießen unser kleines Paradies mit Garten. Ich bin freischaffende Künstlerin, Vocal- Coach und Sängerin der Coverband Rat Bat Blue, in der mein Mann Manfred als Gitarrist, Sänger und Boss fungiert. Ich lebe gesund, rauche nicht, trinke nicht, mache regelmäßig Sport und bin, wie man so schön sagt, immer in Bewegung. Alles in allem also ein ganz normaler Mensch mit einem ganz normalen Leben, möchte man meinen.

Doch dem war wohl nicht so, denn am 10.11.2020 geriet meine kleine „normale" Welt von einer Sekunde zur Nächsten ziemlich heftig ins Wanken. Ich lebte vermutlich über Jahre oder sogar Jahrzehnte mit einer Zeitbombe in meinem Kopf und hatte absolut keine Ahnung davon.

Das ist sie nun: die Geschichte über meinen Weg zurück. Die Geschichte über eine einzigartige, verrückte Reise, einen Kampf, den ich manchmal zu verlieren glaubte und ein Erfahrungsbericht, den ich versucht habe, in Worte zu fassen. Das Erlebte zu Papier zu bringen, wurde Teil meines Aufarbeitungsprozesses, denn seien wir mal ehrlich – ich bin fast gestorben und das hat Spuren hinterlassen. Ich ging spazieren an der Grenze meines Körpers, doch immer begleitet von Liebe. Der Liebe zu meiner Familie und der Liebe zur Musik. Verrückte Sache, ich sag's euch. Aber ich bin noch hier.

Danksagung

Es begann mit ein paar Zeilen über meine Gedanken und Gefühle, die ich ursprünglich nur für mich niederschrieb, und siehe da, „step by step" wurde es ein Buch.

Durch den Zuspruch vieler wunderbarer Menschen fand ich den Mut und die Motivation, meine Geschichte mit euch zu teilen und durch meine Lektorin erhielt mein „Baby" den Feinschliff. Dafür möchte ich mich von Herzen bedanken, das bedeutet mir sehr viel. Ein großer Dank geht auch an meine Familie und Freunde, die mich stets mit positiver Energie unterstützt haben. Doch mein größter Dank gilt meinem Mann Manfred und meiner Tochter Valentina, die mir in der schwersten Zeit meines Lebens durch ihre Geduld und Liebe die Kraft und den Mut geschenkt haben, um durchzuhalten. Ohne euch hätte ich das niemals bewältigt. Ihr seid Teil meiner Geschichte, im Leben wie im Buch. Danke für alles.

Kapitel 1

Der 10.11.2020 – jener Tag, der mein Leben von jetzt auf gleich vollkommen verändern würde – begann wie schon so viele zuvor in meinem Leben. Es war gerade einmal 6:00 Uhr morgens, als ich aufstand und ins Bad ging. Ich genoss den kurzen Moment, das Bad für mich alleine zu haben, und zelebrierte meine Morgentoilette. Dann schlüpfte ich in meine Jogginghose, einen Kuschelpulli und band mir, wie üblich, die Haare zu einem praktischen Dutt zusammen. Keine 20 Minuten später stand schon Manfred neben mir, schenkte mir einen verschlafenen Guten-Morgen-Kuss und ich ging in die Küche, um unser Frühstück vorzubereiten. Ich machte das Radio an, startete die Kaffeemaschine, deckte den Tisch und legte unsere geliebten Zeitungen in Position. Da Valentina noch tief und fest schlief, frühstückten wir nur zu zweit. Wir besprachen noch kurz den Tagesablauf, dann ging Manfred schon in sein Büro in den oberen Stock zum Homeoffice und ich startete mit der Hausarbeit. Alles war wie gewohnt. Als ich jedoch im Wohnzimmer Staub saugte, überkam mich eine ganz eigenartige Stimmung. Eine undefinierbare Melancholie. Ich weiß noch, dass ich zu Manfred sagte: „Ich habe heute ein ganz mieses Gefühl." Mit einem Schmunzeln antwortete er: „Bist du nervös?" Er spielte auf die Beerdigung an, bei der ich am Nachmittag singen wollte. Die Mutter eines lieben Freundes von uns war verstorben und eigentlich wollten Manfred und ich die Trauerfeier gemeinsam musikalisch umrahmen, doch leider wurde es uns nicht gestattet. Wir befanden uns im zweiten Lockdown und mussten die strengen Corona-Regeln wohl oder übel einhalten. Das Einzige, das mir ausnahmsweise erlaubt wurde, war, am Grab ein Lied a cappella zu singen. Als ob die Gitarrenbegleitung einen Unterschied gemacht hätte.

Ich konterte: „Ja sicher bin ich nervös nach über 20 Jahren Musikmachen – total nervös!" Und obwohl ich scherzte, fühlte ich mich unwohl dabei. Ich versuchte, dieses Gefühl zu ignorieren, konzentrierte mich weiter auf das Wohnzimmer und kochte schließlich das Mittagessen. Punkt 12:00 Uhr aßen wir gemeinsam mit Valentina, dann räumte ich rasch die Küche auf und bereitete mich auf die Trauerfeier vor. Ich holte meine klassische schwarze Hose aus dem Schrank, eine weiße Bluse und ein passendes Sakko dazu, zog mich um, legte noch ein wenig Make-up auf und ging schließlich in unseren Musikraum in den Keller, um meine Stimme mit ein paar Übungen aufzuwärmen. Auch das Ave Maria sang ich kurz noch einmal durch. Obwohl ich es schon so oft gesungen hatte und mir sonst leicht über die Lippen ging, fühlte es sich eigenartig an, irgendwie nicht richtig. Ich war tatsächlich nervös, verspürte eine gewisse Unruhe und fühlte mich unter Druck gesetzt, konnte mir aber beim besten Willen nicht erklären, warum. Da die Zeit drängte, konnte ich allerdings nicht länger darüber nachdenken. Also ging ich wieder nach oben, schnappte mir meinen Mantel, die Handtasche und die Autoschlüssel, dachte kurz darüber nach, ob ich auch nichts vergessen hatte, und öffnete die Haustür. Bevor ich hinaustrat, drehte ich mich noch einmal um, sah zu Manfred und Valentina und sagte mit einem für mich ungewöhnlichen Ernst: „Wünscht mir Glück." Manfred meinte: „Was soll schon schief gehen?" Und Valentina rief: „Wirst sehen, Mama, alles wird gut!" Und mit einem „Tschüss, bis später, hab dich lieb!" wurde ich von ihnen verabschiedet.

Ich stieg ins Auto und machte mich auf den Weg zur Nachbargemeinde, wo die Trauerfeier stattfinden sollte. Es war eine kurze Fahrt, nach gerade einmal 7 Minuten hatte ich mein Ziel schon erreicht. Ich suchte mir einen Parkplatz, vergewisserte mich, komischerweise drei Mal, ob das Auto auch richtig versperrt war und ging die Treppe hoch zur Kirche. Als ich am Friedhof entlang zur Totenkapelle ging, überkam mich erneut diese eigenartige Melancholie. Als mich der junge Mann des Bestattungsinstitutes begrüßte und mir die Tür zur Kapelle aufhielt, wurde das Gefühl noch intensiver, als ob mir jemand einen Schlag in den Magen verpasst hätte – körperlich schmerzhaft spürbar. Ich dachte noch: Was ist denn heute los mit mir? Es war irgendwie unheimlich. Vorahnung? Wer weiß. Ich denke, ja.

Ich betrat die Kapelle, begrüßte die Trauerfamilie mit einem dezenten Nicken und nur kurze Zeit später kam der Priester und begann mit der Zeremonie. Aufmerksam verfolgte ich den Ablauf, betete mit und wartete auf meinen Einsatz. Und gerade als sich der Priester und die Trauerfamilie umdrehten, um sich mit der Urne auf den Weg zur Grabstätte zu machen, spürte ich einen heftigen Stich im Nacken, als ob mir jemand ein Messer in den Hinterkopf gerammt hätte. Mir war so, als ob ich ein Geräusch gehört hätte, das einem zerreißenden Gummiband glich. Von einer Sekunde zur nächsten schoss mir der kalte Schweiß vom Nacken bis in die Stirn und ich hatte unvorstellbare Kopfschmerzen. Ich dachte wirklich, mein Kopf würde zerspringen. Mir wurde furchtbar schlecht und sofort war mir klar, dass ich so nicht in der Lage sein würde, am Grab zu singen. Also versuchte ich, der Trauerfamilie mit einer Handbewegung zu bedeuten, dass ich es nicht schaffen würde. Leicht verwirrt sahen sie mich an und wussten im ersten Moment nicht, was los war. Da ich die Zeremonie auf keinen Fall stören wollte, flüsterte ich: „Es tut mir so leid, ich kann nicht singen. Ich habe plötzlich ganz starke Kopfschmerzen." Der Schmerz war so heftig, dass ich Probleme hatte, einen klaren Gedanken zu fassen. Nun bemerkten alle in der kleinen Kapelle, dass etwas nicht stimmte. Ich flüsterte einige Male: „Es tut mir so leid!" Es war mir schrecklich peinlich, dass der Ablauf meinetwegen unterbrochen wurde.

Der Pfarrer wollte die Trauerfeier fortsetzen und meinte, es würde reichen, wenn ich auf einem Stuhl Platz nähme, mich ein wenig ausruhe und nach der Zeremonie könne man mich ja nach Hause fahren. Doch Carola, eine der Schwiegertöchter der Verstorbenen, eine Krankenschwester im Ruhestand, war anderer Meinung. Sie kam sofort auf mich zu, nahm mich liebevoll an den Händen und sagte mit ganz ruhiger Stimme: „Andrea, leg dich bitte hin." Ich war verwirrt, wieso sollte ich mich hinlegen? Noch dazu in einer Totenkapelle, das gehört sich doch nicht! Doch sie drehte sich blitzschnell zu den anderen und bestimmte energisch: „Wir brauchen sofort ein Telefon. Ruft den Notarzt und die Rettung!" Und da kam Hektik auf, da natürlich niemand ein Handy eingesteckt hatte. Jemand lief schnell nach draußen, um eines zu holen und ich wusste nicht, was los war. Meine Wangen brannten vor Scham. So etwas war mir noch nie zuvor passiert. Während einer Zeremonie oder eines Auftrittes „auszufallen" – zu versagen. Die Rettung und den Notarzt zu rufen, fand ich reichlich übertrieben. Verlegen flüsterte ich: „Nein, nein, sagt nur Manfred Bescheid!"

Zu diesem Zeitpunkt dachte ich tatsächlich, Manfred könnte mich abholen und nach Hause bringen. Ich dachte, ich würde mich einfach mit einer Kopfschmerztablette ins Bett legen und dann wäre alles wieder gut. Doch dem war ja wohl nicht so. Oder Gott sei Dank war es nicht so, denn sonst wäre ich heute nicht mehr am Leben.

Ständig beteuerte ich, wie leid es mir tue. Ich spürte, wie ich langsam die Kontrolle über meinen Körper verlor, also versuchte ich mich – etwas unbeholfen, trotzdem so dezent wie nur möglich – auf drei klapprigen alten Stühlen hinzulegen. Mein einziger Gedanke war, dass ich gerade eine für die Angehörigen so wichtige Zeremonie störte und wie unangenehm mir das war. Ich versuchte, gegen den Schmerz anzukämpfen, wollte stark sein, doch es ging nicht. Im Gegenteil, es wurde immer schlimmer. Meinem Körper völlig ausgeliefert, war mir so schlecht, dass ich mich einige Male übergeben musste. Jetzt verschmutzte ich auch noch die Kapelle!

In mir tobte ein Kampf zwischen „reiß dich zusammen, bleib stark" und „lass einfach los, hör auf zu kämpfen". Irgendwann bemerkte ich, dass ich in Carolas Armen am Boden lag – ich konnte mich nicht erinnern, wie ich dahin gekommen war. Sie und der couragierte junge Mann des Bestattungsinstitutes (zufällig ein ausgebildeter Sanitäter) wichen keine Sekunde von meiner Seite. Zu zweit versuchten sie, meinen rasenden Puls zu messen, was zu diesem Zeitpunkt kaum mehr möglich war. Immer wieder drohte ich, bewusstlos zu werden. Sie taten alles in ihrer Macht Stehende, um es mir irgendwie leichter zu machen. Carola flüsterte immer wieder: „Alles ist gut, Andrea, ich bin bei dir. Bleib ganz ruhig, ich passe auf dich auf. Der Notarzt wird bald da sein." Auch Manfred und Valentina waren auf dem Weg, sie waren vom Sohn der Verstorbenen informiert worden.

Und tatsächlich ging alles sehr schnell. Die Rettungskette war am Laufen – zu meinen Gunsten. Der Notarzt und der Krankenwagen kamen, sie starteten in Windeseile mit der Erstversorgung, legten mich auf eine Trage und hoben mich in den Krankenwagen. Dabei erklärten sie alles und stellten mir ständig Fragen. Einerseits versuchten sie, mich zu beruhigen, und andererseits wach zu halten. So gut es ging, antwortete ich, bemerkte aber, wie schwer es mir fiel. Wie durch einen Nebel sah ich, dass mir jemand meinen Ehering vom Finger zog. Ich wollte mich dagegen wehren, hatte aber keine Kraft. Alles, was ich zustande brachte, war ein „Nicht, nein, nicht."

Irgendwann später erfuhr ich, dass mir der Ring abgenommen worden war, damit ihn im Notfall niemand zerschneiden müsste. Er wurde noch an Ort und Stelle Manfred in die Hand gedrückt, der gemeinsam mit Valentina kurz nach der Rettung eingetroffen war, und der nahm ihn vollkommen unter Schock an sich und versuchte sich einzureden, dass es eine Art Pfand dafür war, dass ich wieder zu ihm zurückkomme.

Bevor sie die Türen des Krankenwagens schlossen, sah ich, dass Manfred und Valentina mit erstarrter Miene neben dem Wagen standen. „Es tut mir so leid", flüsterte ich. Hätte ich die folgenden Stunden nicht überlebt, wären dies meine letzten Worte gewesen.

Dann fehlt mir jede Erinnerung. Der Krankenwagen raste zum nächstgelegenen Krankenhaus nach Kufstein. Dort war ich schon ohne Bewusstsein. Ich wurde intubiert und in den Tiefschlaf versetzt. Das veranlasste CT bestätigte schließlich den Verdacht des Notarztes: geplatztes Aneurysma. Ich hatte eine Hirnblutung.

Da sie in Kufstein nicht mehr für mich tun konnten, wurde ich mit dem Hubschrauber in die Klinik nach Innsbruck geflogen, wo ein großes Team in einer 6-stündigen Not-OP um mein Leben kämpfte. Der erste Versuch, die Operation mit Hilfe einer Sonde über die Leiste durchzuführen, schlug fehl, also mussten sie den Schädel öffnen und sich durch mehr als 1,5 Liter Blut kämpfen, um die besagte Stelle finden und auch clippen zu können.

Ich lag zwölf Tage im künstlichen Koma, die rechte Seite meiner Lunge war kollabiert, ich benötigte eine Thorax-Drainage, hatte einen Krankenhauskeim, eine Lungenentzündung und eine linksseitige Lähmung und keiner wusste, ob oder in welchem Zustand ich jemals wieder aufwachen würde.

Doch das Glück war mir hold, denn mein Körper schaffte es tatsächlich, wieder eigenständig zu atmen. Ich wurde wach und die Folgeschäden beschränkten sich auf neurologische Störungen die, Gott sei Dank, mit der Zeit besser wurden. Ich hatte nach der OP keinen zusätzlichen Schlaganfall oder Gehirn-Spasmen und weder mein Gedächtnis noch mein Sprachzentrum waren in Mitleidenschaft gezogen. Ja, ich hatte unvorstellbares Glück.

Am 22.11.2020, am Geburtstag meines verstorbenen Papas und gleichzeitig dem 22 Jahrestages meines Mannes und mir, öffnete ich meine Augen und war zurück im Leben. Wie gesagt, der 10.11.2020 begann wie ein ganz normaler Tag und wurde zum Wettlauf zwischen Leben und Tod.

Kapitel 2

Der andere Ort

*Es gibt ihn, den anderen Ort
ich hab´s gesehen, denn ich war dort
ich war für einen kurzen Augenblick im Himmel
und wieder zurück.
Ich stand an einem Steg
sah die Schönheit der Unendlichkeit,
war erfüllt von Liebe,
einer Liebe die wahrhaftig und klar,
meine Seele im Reinen ganz und gar.
Fühlte Frieden, den Frieden in mir,
auch wenn ich den Platz hier auf Erden verlier.
Fühlte eine Macht die weit größer, als wir es je verstehen.
Es gibt ihn diesen Ort und er ist wunderschön,
doch dort zu bleiben war noch nicht an der Zeit.
Mein Herz war noch nicht bereit.
Ich war für einen kurzen Augenblick
im Himmel und wieder zurück.*

© Andrea Margreiter

12 Tage war ich in der Dunkelheit. Gefangen im Nichts.

Doch in diesem Nichts hatte ich eine Begegnung, die mich bis heute zutiefst berührt. Ich lief durch einen schmalen, dunklen Tunnel auf ein Licht zu. Er erinnerte an einen Goldgräberstollen, die man aus alten Wildwest-Filmen kennt. Die Wände waren aus Erde und Lehm, die Luft kalt, feucht und modrig. Die morschen Holzbalken schienen jeden Moment unter der Last einzubrechen. Ich wollte so schnell wie möglich aus dem Tunnel hinaus – hinein ins Licht. Also rannte ich, so schnell ich nur konnte. Plötzlich stand ich in einer Höhle inmitten einer Gruppe junger Menschen. Mein Blick wich vom Licht zu der ausgelassenen Party, alle tanzten und es lief laute Musik. Ich kannte keinen von ihnen, aber mir war, als könnte ich Manfreds Nähe spüren. Als wäre da seine Stimme, die mir sagte, ich solle nach Hause kommen. Dass es ihm nicht recht wäre, würde ich dortbleiben. Ein junger Mann kam auf mich zu und bot mir einen Becher mit einem Getränk an. Er strich seine blonden Locken zurück und lächelte mich auffordernd an: „Komm, feier' mit uns!" Mir war aber so gar nicht nach feiern zumute, also lehnte ich dankend ab und begann wieder zu laufen. Immer Richtung Licht. Das drängende Gefühl, mich beeilen zu müssen, machte sich in mir breit. Als ob mir die Zeit davonlaufen würde. Plötzlich teilte sich der Tunnel vor mir entzwei. Ohne zu zögern, wählte ich die rechte Seite und zack, stand ich wie aus dem Nichts in der Sonne. Bei strahlend schönem Wetter, auf einem Holzsteg direkt am Wasser. Es war traumhaft schön dort, wie in einem Venedig aus alten Sissi-Filmen. Ich betrachtete den Holzsteg und dachte bei mir: So ein schönes Holz, der Steg ist ja nagelneu, den hat sicher unser Freund Horst renoviert.

Der Platz gefiel mir, er war perfekt. Alle Anspannung fiel von mir ab und ein tiefes Wohlgefühl strömte durch meinen Körper. Die uralten Gebäude im italienischen Flair, die Sonne, die meine Haut wärmte, das Plätschern des Wassers – es war traumhaft schön. So rein, warm, ruhig und voller Frieden. Leichtigkeit und Glück durchströmten mich, ich war von Liebe erfüllt. Es war ein Gefühl der Unbeschwertheit. Frei von allem. Und irgendwie, als wäre ich angekommen.

Verträumt blickte ich zum Wasser, es glitzerte in allen Farben und ich musste lächeln. Mir gefiel dieses wohltuende, erfüllende Gefühl. So etwas kannte ich nicht. Ich fand es irgendwie amüsant, es war fast so, als ob ich schweben könnte. Ich wurde von einer Schwerelosigkeit erfasst und ließ mich davon treiben. Von Liebe getragen. Nein, vollkommen von Liebe erfüllt. Es war so wunderschön, von mir aus hätte es für immer so bleiben können.

Doch da unterbrach ein junger Mann in einer Gondel meine Träumerei. Er legte am Steg an und lud mich, das Paddel in der Hand, lächelnd zum Einsteigen ein: „Prego, Signora!" Er bedeutete mir, dass er mich zur anderen Seite bringen könne. Ich war erstaunt und war mir ehrlich gesagt nicht sicher, ob er mich meinte, also drehte ich mich um, um zu sehen, ob jemand hinter mir stand. Doch die Menschen hinter mir liefen alle nur freudestrahlend durch die Gegend und keiner blickte in die Richtung des Gondolieres. Der junge Mann nickte mir noch einmal zu und zeigte erneut auf seine Gondel und zur anderen Seite. Neugierig, was da wohl sein könnte, schaute ich zur anderen Seite und da sah ich ihn. Meinen verstorbenen Papa.

Mein Herz machte Freudensprünge, er sah so toll aus. So gesund, pausbäckig, frisch und munter. Ich dachte nur, wie schön er aussieht, hier geht es ihm gut. So glücklich und befreit hatte ich ihn noch nie gesehen. Lächelnd winkte er mir zu. Mit beiden Händen forderte er mich auf, zu ihm zu kommen. Ich hörte seine vertraute Stimme, wie er rief: „Kimm umma, kimm umma!"[1] Ich war so glücklich, ihn so zu sehen und winkte euphorisch zurück. Immer wieder rief er: „Andrea, kimm umma, kimm umma!" Der Gondoliere bot mir erneut an einzusteigen, doch ich zögerte. Ich konnte meinen Herzschlag spüren, ein intensives, schmerzhaftes Pochen, und bei jedem Pumpstoß spürte ich ein „Nein". Und dann rief ich: „Nein Papa, ich kann nicht! Manfred und Valentina brauchen mich." Ich schickte ihm eine Kusshand zu und rief: „Papa, ich hab' dich so lieb, aber ich kann noch nicht bleiben."

Ich winkte ihm zum Abschied und sah, wie er lächelnd nickte. In diesem Moment fühlte ich reine, bedingungslose Liebe und tiefe Verbundenheit zu ihm und von ihm. Ein Gefühl, das mir im Leben von ihm leider verwehrt geblieben war. Dann drehte ich mich um und lief weinend fort. Ich war glücklich und traurig zugleich. Es fühlte sich an, als ob etwas in mir zerbrechen würde. Mein Herz? Vielleicht.

Es erfüllte mich mit Glück, dass es Papa dort so gut ging und gleichzeitig war ich traurig, ihn zurückzulassen – ihn und diesen wundervollen Ort mit dem vollkommenen Gefühl der Glückseligkeit, des Zuhauseseins.

---

1 Komm herüber, komm herüber!

Ich lief den schmalen Tunnel zurück und landete in einer Nebelwolke. Ich versuchte, mich zu orientieren, lief immer weiter und weiter. Umhüllt vom dicken Nebel, fühlte ich mich mehr und mehr verloren und allein. Ich weiß, dass ich bitterlich weinte, denn ich konnte das Salz meiner Tränen schmecken. Nie würde ich einen Weg aus dieser allumfassenden Nebelwolke finden. Ein Schrei wollte sich meine Kehle nach oben bahnen, konnte aber nicht heraus. Und plötzlich war der Nebel weg und ich fiel in ein schwarzes Loch. Ein tiefes, schwarzes Loch.

Ich erschrak fürchterlich. Und während ich fiel, spürte ich die Angst. Lähmend. Es war so still. Ich war verloren. Gefangen im Nichts.

Gefangen

Bin gefangen
in der Dunkelheit,
gefangen und doch vogelfrei.
Geborgen im Nichts
auf den Lippen ein stummer Schrei.
Verlier den Boden, verlier den Halt,
schwebe, bin schwerelos.
Stille überall,
Dunkelheit macht atemlos.
Spür deine Liebe
will zurück zu dir
bist mein Leben
mein Elixier.
Bin gefangen hier im Nichts.
Gefangen und doch vogelfrei.
Lass mich treiben, ich lass los
auf den Lippen ein stummer Schrei.

© Andrea Margreiter

Kapitel 3

Irgendwann hörte ich in weiter Ferne Stimmen, die meinen Namen riefen. Dann sah ich eine Frau, die genau so aussah wie ich. Das irritierte mich. Sie stand in einem dunkelgrauen Zimmer an einer Wand, trug ein Krankenhaushemd und wurde von einem Arzt und einer Krankenschwester relativ grob festgehalten. Für mich sah es so aus, als ob man ihr wehtat. Sie wirkte verängstigt und eingeschüchtert. Ich konnte ihr den Schmerz und die Hilflosigkeit ansehen. Es war wirklich so, als ob ich mich selbst aus zwei oder drei Metern Entfernung beobachten könnte. Ich hörte, wie jemand sagte: „Frau Margreiter, bitte erschrecken Sie nicht, sie hatten eine Gehirnblutung, wir mussten sie intubieren." Ich dachte mir nur: „Ja und, ist ja o.k." Ich erschrak aber. Es war wie ein Stromschlag, der meinen Körper durchfuhr. Ich zuckte zusammen und schnappte kurz nach Luft. Zeitgleich sah ich, wie der Arzt den Beatmungsschlauch der Frau entfernte und sie sich übergeben musste. Sie tat mir furchtbar leid, ich wollte ihr helfen, konnte mich aber nicht bewegen. Ich konnte meine Arme und Beine nicht spüren. Dann fühlte ich plötzlich ein starkes Brennen und ein unangenehmes Gefühl tief in meiner Brust, mir wurde schlecht und ich war traurig.

Dann war es wieder vollkommen dunkel.

Irgendwann danach wurde ich vermutlich langsam wach. Na ja, wach ist etwas übertrieben, denn wenn man es genau betrachtet, dauerte es ca. vier oder fünf Tage, bis ich wirklich wach war und halbwegs klar denken konnte. Glaubt mir, dieses „Wachwerden" und zurück ins Leben finden war absolut crazy. Das Schrägste, das ich je erlebt habe. Und so realistisch, dass es erschreckend war.

Die Ärzte erklärten Manfred, dass es für mich, bis sich die Medikamente abgebaut hätten, wie ein heftiger LSD-Trip sei oder so, als ob ich einen kalten Entzug machen müsste. Sie meinten, Halluzinationen wären im Anfangsstadium normal und er solle sich keine Gedanken machen, wenn ich vollkommen wirres Zeug von mir gäbe.

Die erste Zeit hörte ich ständig meinen Namen. Immer wieder: „Frau Margreiter, machen Sie die Augen auf, Frau Margreiter … Andrea, hallo, Andrea, mach die Augen auf!" Ich gab mein Bestes und machte die Augen auf, dachte ich jedenfalls. Ich blinzelte und konnte durch einen winzig kleinen Schlitz Gesichter erkennen. „Andrea, komm, bleib bei mir, mach die Augen auf, Andrea, du schaffst das!" Ich bin mir nicht sicher, ob ich die Antwort tatsächlich gab oder nur geträumt hatte, jedenfalls meinte ich: „Langsam nützt sich der Name ab." O.k., welcome back. Anscheinend war ich zurück.

Von da an vermischten sich die klaren Momente mit den Halluzinationen und erst im Nachhinein wurde mir langsam bewusst, was Wirklichkeit war und was nicht.

Am ersten Tag spürte ich, wie sie an mir herumzogen und -zerrten. Sie versuchten, mich zu waschen und mir ein neues Hemd anzuziehen. Wenn mich nicht alles täuscht, sah ich zwei Personen. Also zwei Schwestern, glaube ich jedenfalls. Eine der beiden sprach davon, alles sauber machen zu müssen, bevor er kommt. Er? Wer war „er"? Sie drehten mich mal nach links, mal rechts, Füße hoch und wieder runter, Arme hoch und wieder runter, das war total anstrengend. Ständig zupften sie am Bettlaken und schüttelten gestresst das Kopfkissen auf.

Ich war der Meinung, dass sich unter dem Bett eine große Schublade befinden würde. Eine Schublade, die den Urin auffangen sollte. Ich dachte mir noch, das muss doch unpraktisch sein, da wird doch die Matratze des Bettes nass. Na ja, war nicht mein Problem. Eine Schwester zog die Schublade unter dem Bett hervor und witzelte „Glück gehabt, noch nicht übergelaufen", während die andere dabei war, mich im Intimbereich zu waschen. Ich empfand beides als äußerst beschämend, konnte mich aber nicht dagegen wehren. Ich konnte nämlich weder sprechen noch mich bewegen. Irgendwie bekam ich mit, dass sie einen Paravent aufbauten. Sie meinten, dann hätten mein Mann und ich mehr Privatsphäre. Und ich dachte mir nur: „Wozu?" Mit der Aussage konnte ich nichts anfangen. Wieso sollten mein Mann und ich mehr Privatsphäre brauchen? Check ich nicht.

Mir war das Ganze eindeutig zu hart. Ich empfand es als ziemlich grob. Sowieso war ich furchtbar müde und dieses Ziehen und Zerren und Hin- und Herdrehen tat mir einfach nur weh.

Ich hatte unglaublich starke Nackenschmerzen. So stark, dass ich dachte, ich hätte einen Genickbruch erlitten. Doch wie konnte das sein? Wieso sollte ich mit einem Genickbruch im Krankenhaus liegen, ich hatte ja keinen Unfall gehabt. Oder hatte ich einen Unfall?

Abgesehen davon, wäre man mit einem Genickbruch nicht tot? Oder war ich vielleicht sogar tot? Shit … aber … wäre doch möglich, oder? Dann würde dieses komische Gefühl endlich Sinn ergeben, denn irgendwie fühlte sich alles so unwirklich an. Vollkommen surreal.

Mir tat der ganze Körper weh, erstaunlicherweise aber nicht der Kopf. Nun denn, da ich nicht in der Lage war, mich selbst zu bewegen, mussten sie mich eben drehen und wenden, wie sie es brauchten. Irgendjemand meinte: „Mensch, da wird sich Ihr Mann aber freuen, dass Sie wieder wach sind, Frau Margreiter." Ich gestehe, meine Euphorie hielt sich in Grenzen, da mir das Ganze zu anstrengend war. Und mal ehrlich, wieso sollte Manfred so begeistert darüber sein, dass ich wach war, ich war ja nur kurz ohnmächtig gewesen. Mhm, Augen zu und weiter dösen.

Als ich das nächste Mal die Augen aufmachte, sah ich, wie zwei Schwestern oder Ärzte, jedenfalls jemand in weißen Kitteln, nervös hin und her flitzten. Ein Mann mit dunklen Haaren, ebenfalls in einem weißen Kittel, darunter einem blauen Hemd, Mundschutz und wunderschönen braunen Augen wurde freudig von ihnen begrüßt. Sie trippelten um ihn herum, als ob er eine wirklich wichtige Funktion in dem Laden hätte. Und ich dachte bei mir:

„Wow, so ein fescher indischer Arzt! Wie cool ist das denn, die haben hier tatsächlich einen indischen Arzt! Oh, … Manfred!" Nur zur Info, mein Mann ist kein Inder!

Und da war er. Mit Tränen in den Augen kam er auf mich zu. „Hallo Schatz!", flüsterte er, worauf ich mit zittriger Stimme erwiderte: „Hallo!" Ich versuchte sogar zu scherzen: „Jetzt hat es mich aber ganz schön ausgeknockt."

Wie sehr, war mir in diesem Moment aber definitiv noch nicht bewusst. Ich dachte wirklich, ich wäre nur kurz ohnmächtig gewesen.

Manfred flüsterte: „Ja, kann man sagen. Aber jetzt ist alles wieder gut." Er lächelte mich an, nahm meine Hand, küsste mich auf die Stirn und meinte mit tränenerstickter Stimme: „Alles Liebe Schatz, wir haben heute unseren Jahrestag." Worauf ich kess meinte: „Ja, weiß ich doch."

Tage später dachte ich bei mir: „Moment mal, ich bin am 10.11. aus dem Haus gegangen. Unser Jahrestag ist am 22.11 – da fehlt doch was!"

Manfred stand glücklich lächelnd an meiner Seite und streichelte meine Hände. Ich fühlte mich gerädert, unglaublich müde, aber irgendwie auch total zufrieden. Leicht verschwommen sah ich, wie eine Ärztin ans Bett kam. Sie begann, mir Fragen zu stellen, um zu sehen, wie es um meine Orientierung bestellt war. Sie fragte, ob ich wisse, wie ich hieße, wann ich geboren sei, wie alt ich sei, welches Jahr wir hätten, welche Jahreszeit und ob ich wisse, wo ich gerade bin. Und glaubt es oder nicht, ich beantwortete alle Fragen souverän. Ich wusste tatsächlich, wie ich heiße, wann ich geboren bin, wie alt ich bin, welches Jahr wir haben und war vollkommen überzeugt davon, es wäre die schönste Zeit im Jahr – Weihnachten. Worauf die Ärztin antwortete: „Nein, nein, Frau Margreiter, Weihnachten haben wir zum Glück noch nicht. Es ist November!"

„Ja, Vorweihnachtszeit. Sag ich doch, die schönste Zeit im Jahr." Auf die Frage, ob ich wisse, wo ich sei, antwortete ich siegessicher: „In Kufstein."

„Nein, Frau Margreiter, Sie sind nicht in Kufstein, Sie sind in Innsbruck."

„Nein, ich bin in Kufstein. Das weiß ich, weil mich die Rettung dahingebracht hat." Siehe da, was ich nicht alles wusste! Doch die Ärztin hielt dagegen: „Nein, Sie sind in Innsbruck. Frau Margreiter, sehen Sie mal aus dem Fenster. Da, das ist die Nordkette!"

Mhm, „sehen Sie aus dem Fenster" – das machte ich auch, sah aber rein gar nichts. Außer ein komplett verschwommenes Etwas, das mich nur erahnen ließ, dass es Berge sein könnten. Also meinte ich kess: „Die Berge sehen alle gleich aus – das kann auch der Wilde Kaiser sein, ich bin in Kufstein!"

Irgendwann gab ich mich dann doch geschlagen und akzeptierte notgedrungen, dass ich in Innsbruck war.

Ich konnte mir aber beim besten Willen nicht erklären, warum. Jemand sagte, ich wäre vor einer Kirche zusammengebrochen. Das fand ich total unlogisch, was hätte ich bei einer Kirche in Innsbruck gemacht? War ich einkaufen in Innsbruck oder gar joggen und bin vor einer Kirche zusammengebrochen? Nein, so ein Quatsch! Wieso sollte ich in Innsbruck joggen gehen? Ich konnte mich einfach nicht daran erinnern, irgendetwas in der Stadt getan zu haben, und das frustrierte mich. Wieso hatte ich keine Erinnerung daran?

Erst Tage später fügten sich die Einzelheiten langsam zusammen und irgendwann erklärte mir Manfred, dass ich mit dem Hubschrauber nach Innsbruck geflogen worden war. Und das war für mich dann doch eine relativ einschüchternde Tatsache. Jedenfalls war es unglaublich, dass ich überhaupt noch wusste, wer ich bin. Dass ich nach 12 Tagen wach wurde, meinen Mann erkannte, sprechen und mich erinnern konnte, war ein kleines Wunder. Nur empfand ich es zu diesem Zeitpunkt noch nicht so. Das wurde mir erst viel später bewusst.

Am zweiten Tag, glaube ich, fragte ich Manfred ständig nach dem Autoschlüssel und wo er das Auto geparkt hätte, denn ich wollte so schnell wie möglich nach Hause fahren. „Selber" versteht sich! Ich wollte nur warten, bis ich etwas zum Anziehen kriege, dann würde ich mich aus dem Staub machen. Und dazu bräuchte ich natürlich ein Auto und müsste wissen, auf welchem Platz es steht – also die Nummer in der Tiefgarage. Doch bevor ich losstarten konnte, wollte ich unbedingt noch auf die Toilette gehen. Eine Schwester meinte: „Kein Problem, Frau Margreiter, lassen Sie es einfach laufen, Sie haben einen Katheter." Ups, das war mir zu peinlich, das wollte ich eigentlich nicht. Ich wollte selbst aufs WC gehen. Selber! Wunschdenken. Ich versuchte ziemlich hartnäckig, die Schwester davon zu überzeugen, dass ich aus dem Bett raus möchte, um auf die Toilette zu gehen. Sie ließ sich aber nicht erweichen und meinte: „Nein, Frau Margreiter, Sie dürfen auf keinen Fall aufstehen und alleine auf das WC gehen. Das ist viel zu gefährlich." Gefährlich? Wieso? Was hatte die denn für ein Problem?

Sie versuchte, mir zu erklären, dass der geringste Druck im Kopf eine Katastrophe wäre und ich noch einige Tage warten müsse, bis ich überhaupt aus dem Bett raus dürfe. Das war für mich aber nicht nachvollziehbar. Ich verstand sowieso nicht, warum alle so ein Theater machten. Ich hatte keine Schmerzen, ich war kurz ohnmächtig gewesen, nun war ich wieder wach und das, was kaputt gewesen war, hatten sie repariert – also raus hier und nichts wie nach Hause! Ich hatte wirklich keine Ahnung, was passiert war. Nicht den leisesten Schimmer, welche Tragweite das Ganze hatte und wie knapp ich dem Tode entronnen war. Fest dazu entschlossen, endlich zu einem WC zu gelangen, schmiedete ich Pläne und teilte Manfred als Komplizen ein: „Da drüben müssen doch irgendwo Toiletten sein. Das ist ein Krankenhaus, da muss auf jedem Stockwerk auf dem Flur ein WC sein. Verstehst du? Du stehst einfach Schmiere, ich laufe schnell rüber, gehe aufs WC und komme zurück." Manfred war und ist wohl der geduldigste Mensch, den es gibt, denn er streichelte mir nur liebevoll über den Kopf und stimmte mir zu. Zwei Minuten später hatte ich meinen Plan schon wieder vergessen und meinte, er müsse mich unbedingt sofort mit nach Hause nehmen. Tat er aber leider nicht.

Ich war totunglücklich, als ich merkte, dass Manfred plötzlich nicht mehr da war. Ich weinte bitterlich und sagte zu einer Schwester, dass er sich nicht verabschiedet hätte und mich vergessen hätte. Er musste mich doch mit nach Hause nehmen!

Die Schwester war ganz reizend und versuchte, mich zu beruhigen: „Es ist alles o.k., Frau Margreiter. Ihr Mann hat sich verabschiedet und kommt verlässlich morgen wieder. Sie ruhen sich jetzt einfach ein wenig aus und dann ist er bald wieder da." Und so war es auch. Ich bemerkte Manfred zwar, wenn er bei mir war, hatte aber kein Zeitgefühl. Ich hatte keine Ahnung, wie lange er da war, ob ich zwischendurch nur kurz weggenickt war oder schon ein neuer Tag begonnen hatte.

Die ersten Tage hatte ich überhaupt das Gefühl, als ob ich zwischen zwei Welten hin und her switchen würde. So als ob man zwischen zwei Programmen im Fernsehen blitzschnell hin und her wechselt. Oder jemand eine Fernbedienung von mir besitzt und sich einen Spaß daraus macht, die Programme ständig zu wechseln und mich an- und ausschalten konnte.

Irgendwie fühlte ich mich ausgeliefert, ließ aber trotzdem alles relativ entspannt über mich ergehen (Medikamente!). Wie gesagt, es war ziemlich verwirrend, denn diese Halluzinationen machten meine Tage und Nächte auf erschreckend realistische Art spannender.

Kapitel 4

So träumte ich die erste Nacht auf der Intensivstation von einer Ärztin, die eine Technoparty veranstaltete. Die Ärztin selbst fungierte als DJane und gab richtig Gas. Ihre Partygäste gingen alle freundlich grüßend an meinem Krankenbett vorbei in ein Hinterzimmer. Dort rauchten einige Wasserpfeife und hatten sichtlich Spaß an der Feier. Sogar Freunde von uns waren dabei. Und mitten unter den Gästen saß ein süßes kleines Mädchen, das mit Polly- Pocket- Figuren spielte. Plötzlich stand Manfred neben dem unbekannten Mädchen und steckte ihr etwas Geld zu. Das erstaunte mich. Die Mutter des Mädchens, die zufällig neben mir stand, bemerkte meine Verwunderung und erklärte sofort: „Ich finde es so nett, dass Ihr Mann unsere kleine Maus unterstützt. Er hat so ein gutes Herz. Als er erfahren hat, dass es uns finanziell nicht gut geht, hat er ihr einfach ein paar Euro zugesteckt, damit sie sich etwas Kleines kaufen kann." Die Dame hatte Tränen in den Augen und meinte: „Sie müssen sehr stolz auf Ihren Mann sein, er ist ein überaus großzügiger und liebevoller Mensch. So etwas findet man nicht mehr oft." Und ich stimmte ihr lächelnd zu: „Oh ja, das ist er."

Ich fühlte mich geschmeichelt und ein wenig verliebt. Das war mein Mann, wie schön. Eine Zeit lang beobachtete ich die Partygäste, bis mir plötzlich die Technomusik zu viel wurde und ich schlafen wollte. So schwebte ich in Richtung Bett, legte mich hin und versuchte, mit der Bettdecke klarzukommen. Es war der klägliche Versuch, mich selber zuzudecken.

In meinen Träumen schwebte ich meist von einem Ort zum anderen, das war ein tolles Gefühl, so schwerelos knapp über dem Boden.

Als ich also im Bett lag und versuchte, mich zuzudecken, hörte ich Sirenen. Ich dachte sofort, es wäre die Polizei und jemand hätte die Ärztin angezeigt, weil sie die Musik wieder einmal zu laut hatte und natürlich auch, weil im Hinterzimmer „geraucht" wurde. Ich dachte sogar, sie wäre die Tochter einer großen Arztfamilie, einer richtigen Ärztedynastie. Ihre Mutter: die Chefärztin der Klinik, die mich am ersten Tag untersucht hatte, eine dominante Frau, die ihren Kindern ziemlich viel abverlangte. Ihr Vater: ein pensionierter Arzt, der lieber zum Angeln ging und seine Ruhe genoss. Und ihr Bruder: ein junger angehender Arzt, der das Feiern und Spaßhaben dem Studieren vorzog. Und dann war da natürlich noch ihr Mann: ein angesagter Schönheitschirurg (und Frauenheld!). Und ihre zwei verwöhnten Kinder. Und alle zusammen wohnten in einer riesigen Villa am Rande von Innsbruck, in die ich später in meinen Träumen sogar eingeladen wurde. Zur Geburtstagsfeier der kleinen Tochter. Eine High-Society-Party für die kleine Prinzessin.

Nun denn, jedenfalls war ich der Meinung, die Polizei hätte die Techno-Party gesprengt. Somit war Schluss mit lustig und die Gäste mussten nach Hause gehen – natürlich wieder alle an meinem Bett vorbei und nach draußen. Ich beobachtete, wie sie langsam verschwanden und die Lichter nacheinander ausgingen. Ich war schrecklich müde, wollte gerne schlafen, kam aber nicht zur Ruhe. Ich schwitzte stark, mir war heiß und kalt zugleich (ich hatte zu der Zeit starkes Fieber von der Lungenentzündung). Ein Pfleger kam, um nach mir zu sehen und alle Leitungen zu kontrollieren, an die ich angeschlossen war. Er versuchte, mich zuzudecken, doch ich wehrte mich dagegen und fing an zu schimpfen: „Wer bitte heizt denn um diese Jahreszeit so heftig ein? Das ist ja vollkommen bescheuert. Wenn man so schwitzen muss, kann man doch nicht richtig schlafen." Der Pfleger stimmte mir schmunzelnd zu: „Ja, da haben Sie recht. Ich werde mal sehen, ob ich die Heizung etwas zurückdrehen kann." Sagte es und ging weiter.

Unruhig wälzte ich mich im Bett hin und her, mir war kalt und plötzlich begann ich, am ganzen Körper zu zittern. Ich hatte Angst, bekam Atemnot. Ich dachte, ich müsste unbedingt schlafen, damit ich am nächsten Morgen fit genug wäre, um nach Hause zu gehen.

Da tauchte wie aus dem Nichts unsere Freundin Gabi auf, setzte sich an mein Bett und deckte mich liebevoll zu. Sie nahm meine Hand und flüsterte: „Alles wird gut, wirst sehen." Das war sehr beruhigend und ich dachte mir: „Oh, wenn Gabi jetzt da ist und auf mich aufpasst, dann kann nichts mehr schiefgehen. Sie ist ja schließlich Arzthelferin." Das Gefühl, nicht alleine zu sein, tat mir gut. Die Angst verschwand langsam und ich fühlte mich einfach nur noch müde.

Als später eine echte Ärztin vorbeikam, verlangte ich zielsicher nach einem „Sedativum". Ich behauptete: „Gabi hat gesagt, ich darf das zum Schlafen haben. Sie hat es mir versprochen." Darauf begann die Ärztin zu lachen und meinte: „Also, ich liebe es, wenn meine Patienten nicht wissen, wo sie sind und was los ist, aber nach einem Sedativum verlangen." Ob ich eines erhalten habe, weiß ich nicht, aber danach war es ziemlich dunkel.

Am nächsten Tag erzählte ich Manfred voller Stolz, dass Gabi die ganze Nacht auf mich aufgepasst hätte, worauf er liebevoll antwortete: „Das ist aber super nett von ihr." Leider musste ich ihm aber auch gestehen, dass ich ziemlichen Stress mit der Chefärztin hatte, da mir ein Missgeschick mit dem Handy passiert war. Einem imaginären Handy. Ich war nämlich überzeugt, dass ich mit „meinem Handy" versucht hatte, den Schwestern ein Lied vorzuspielen. Dass Manfred früher eine erfolgreiche Band gehabt hätte, hatte ich ihnen erzählt und dass sie richtig tolle Hits gemacht hatten. Sogar in Fernsehshows waren sie aufgetreten und das wollte ich mit einem YouTube-Video beweisen. Ich glaubte, ihnen mit Hilfe eines Handys einen Song vorspielen zu können. Irgendwie geriet das aber außer Kontrolle und es wurden in der ganzen Klinik eine halbe Stunde lang in voller Lautstärke Songs der Band abgespielt. Nur zur Erklärung: Die machten keine Fahrstuhlmusik. Nope – richtig harter Rock mit Tendenz Metal.

Die Chefärztin (Mutter der DJane-Ärztin) beschwerte sich prompt und protestierte lautstark:

„Wie kann so etwas in unserem Haus passieren – wieso macht das keiner aus? Stellt sofort diesen Lärm ab!" Das fand ich total gemein, das war ja wohl kein Lärm, sondern super coole Musik meines Mannes. Die hatte doch keine Ahnung!

Nun wurde behauptet, ich hätte mich mit meinem Handy irgendwie über Bluetooth in die Hausanlage gehackt und keiner außer mir könne die Lautstärke regeln. Mir war das ganze jedoch schleierhaft, da ich der Meinung war, nur ein altes Nokia in den Händen zu halten. Schuldbewusst meinte ich, dass ich keine Ahnung hätte, dass es eine Bluetooth-Funktion besäße und ich wirklich nur den Schwestern ein Lied vorspielen wollte. Nun denn, irgendwann verstummte die Musik und die Aufregung begann sich zu legen. Jedoch ging mein Fauxpas bei Facebook viral. Und alle machten sich darüber lustig, dass ich es mit einem alten Nokia-Handy geschafft hatte, mich in die Hausanlage der Klinik zu hacken. Irgendwer schrieb sogar auf die Facebook-Seite unserer Band: „Rat Bat Blue sucks." Ich schämte mich dafür, dass ich daran schuld war, dass womöglich ein echter Shitstorm auf uns zukommen könnte. Doch Manfred hörte mir, wie üblich, ganz entspannt zu und meinte: „Halb so schlimm, Schatz. Wirst sehen, die Situation beruhigt sich sicher bald wieder. Die Leute vergessen so etwas schnell und es ist bestimmt niemand böse auf dich." Gott sei Dank. Nichts passiert.

Da ich ständig Sirenen hörte, fragte ich einen Sanitäter, der gerade einen Patienten brachte, ob er denn unseren Freund Hannes kenne, der ebenfalls Rettungsfahrer sei. Der nette Bursche sah mich aber nur verdutzt an und meinte: „Nein, tut mir leid, den kenn' ich nicht." Darauf erklärte ich ihm bereitwillig, dass die Sirenen, die man laufend höre, ganz sicher vom Rettungswagen seien, mit dem Hannes fahre. Ich war mir hundertprozentig sicher, dass Hannes bei seinen Patienten dieselbe Taktik anwandte wie bei seinen Kindern, als sie noch Babys waren. Nämlich so lange Auto fahren, bis sie schlafen. Der nette Sanitäter fand das sehr interessant und meinte: „Na dann schlafen die Patienten sicher sehr gut."

„Oh ja, das tun sie. Hannes macht das perfekt", belehrte ich ihn. Danach fragte ich noch einige Leute nach Hannes, musste aber schnell feststellen, dass ihn dort wirklich niemand kannte. Das war mir jedoch egal, denn kurze Zeit später war ich sowieso der Meinung, ihn persönlich zu sehen. Was mich ehrlich gesagt sehr freute. Sofort fragte ich ihn, wie es seiner Frau Annemarie gehe, ob sie auch irgendwo im Haus sei und ob er mich später bitte mit nach Hause nehmen könne. Tat er aber leider nicht.

Ich wollte unbedingt nach Hause. Deutlich erinnere ich mich daran, wie ich gefühlt die ganze Nacht versucht hatte, aus dem Bett zu klettern. Natürlich fehlte mir die Kraft dazu. Da war keine Chance, mit dem Fuß über das Gitter zu kommen. Mal ehrlich, ich konnte mich ja nicht einmal alleine umdrehen. Glaubt aber nicht, ich hätte es nicht versucht. Ich zog mir sogar den Fingerclip zur Pulskontrolle runter und versuchte, die Leitungen der Infusionen rauszuziehen, nur um abhauen zu können. Was mir natürlich sofort eine Rüge einbrachte:

„Frau Margreiter, den Clip müssen Sie drauflassen. Und die Leitungen dürfen Sie auf keinen Fall rausreißen, o.k.?" Nichts war o.k.! Ich wollte aus dem Bett raus und nach Hause. Da ich es aber anscheinend nicht alleine schaffte, bat ich einfach jemanden um Hilfe, der gerade vorbeikam. Erst versuchte ich es ganz nett und dann ziemlich energisch: „Helft mir doch endlich! Rollt mich raus, zieht mich raus oder schupst mich aus dem Bett, egal wie, ich will einfach nur raus hier!"

Hilfe gab es keine für mich, nur eine erneute strenge Ermahnung: „Frau Margreiter, Sie dürfen nicht rausklettern, das ist viel zu gefährlich und den Fingerclip dürfen Sie auch nicht ständig runterreißen, den brauchen wir, damit wir sehen, dass es Ihnen gut geht. Den müssen Sie unbedingt drauf lassen, verstehen Sie?"

Viel zu gefährlich, viel zu gefährlich, was hatten die bloß alle? Wieso gefährlich? Mir fehlte doch nichts. Dieses … Aneu … Dings hatten sie repariert, ich war kurz ohnmächtig, nun war ich wieder wach, also alles gut!

Natürlich versuchte ich danach noch einmal zu türmen. Ich weiß sogar, dass ich eine Schwester fragte, welche Schuhgröße sie hätte, denn mir war sehr wohl bewusst, dass ich weder Kleidung noch Schuhe hatte. Und ohne Schuhe kann man nun mal nicht türmen!

Logisch, oder?

Irgendwann diskutierte ich hartnäckig mit einer Ärztin oder Schwester über ein Handy, das ich auf einer Fensterbank zu sehen glaubte. Ich wollte unbedingt dieses Handy, um endlich mit Valentina telefonieren zu können, wurde aber immer mit derselben Antwort abgewimmelt: „Da ist kein Handy!" Ich war aber vollkommen überzeugt davon, ein Handy zu sehen und konnte absolut nicht verstehen, dass mir keiner half. Ich war totunglücklich, da ich mir nichts sehnlicher wünschte, als mit Valentina zu sprechen. Wieso verstand das denn keiner?

Mit aller Intensität drängte ich nach Hause. Es gab für mich nichts Wichtigeres als Manfred und Valentina. Ich begann zu weinen: „Aber ich muss doch Valentina anrufen. Sie macht sich sicher Sorgen. Ich muss ihr sagen, dass ich im Krankenhaus bin und dass ich bald nach Hause komme."

„Frau Margreiter, da ist kein Handy und Valentina weiß schon Bescheid. Ihr Mann hat ihr schon gesagt, wo Sie sind. Alles ist gut."

Nichts war gut. Ich fühlte mich beschissen, machte mir Sorgen und wollte unbedingt nach Hause. Konnte das wirklich keiner verstehen?

Ich machte mir überhaupt ziemlich viele Sorgen. Jedoch nicht um mich, sondern um alle anderen. Um meine Familie und Freunde, dass sie vielleicht nicht wüssten, wo ich bin, dass sie traurig sein könnten oder vielleicht sogar Angst um mich hätten. Das war das letzte, das ich wollte.

***

Ich sorgte mich überhaupt eher um andere als um mich selbst. So auch um eine Patientin, die mir gegenüber in einem Intensivbett lag. Sie wurde beatmet, hing an unzähligen Schläuchen und Kabeln und eine Schwester war gerade dabei, sie zu waschen. Wenn man es genau betrachtete, machte sie im Krankenbett dasselbe Bild wie ich kurz zuvor, doch das war mir zu diesem Zeitpunkt nicht bewusst. Ich war der Meinung, dass sie starke Schmerzen habe, darum rief ich immer wieder: „Helft ihr doch! Die arme Frau leidet." Ich dachte, sie hätte einen Bootsunfall gehabt und wäre fast ertrunken – sie und ein junger Mann, den ich ein Bett weiter in einer Nische zu sehen glaubte. Diesem Pärchen ging es offensichtlich nicht gut und es wurde darüber gesprochen, dass die Frau die Nacht vielleicht nicht überleben würde.

Ich träumte sogar, dass jemand gestorben war und das machte mich sehr traurig. Es kann aber auch sein, dass das kein Traum war. Das weiß ich jetzt nicht.

Noch unheimlicher wurde es, als ich danach eine männliche Leiche sah – aufgebahrt auf einem großen Holzstapel in einer riesigen Halle oder Eishöhle, umgeben von Menschen, die um ihn trauerten. Es war eisig kalt dort und alle waren gekleidet wie Wikinger. Der Verstorbene war anscheinend ein armer Fischer gewesen und es wurde heftig darüber diskutiert, ob er eine feierliche Bestattung verdient hätte oder nicht. Der Anführer dieser Trauergemeinde war offensichtlich dagegen, denn er meinte, der Mann sei nur ein einfacher Fischer gewesen und kein wahrer Krieger. Das führte zu großem Unmut der Dorfbewohner, denn diese argumentierten lautstark für eine Trauerfeier. Und plötzlich kniete sich, inmitten der ganzen Streiterei, eine junge Frau in einer weißen Kutte neben den Leichnam und begann, eine wunderschöne Melodie zu singen. Ein uraltes Lied über mutige Krieger. Es dauerte nicht lange und alle stimmten mit ein und tanzten mit Fackeln in den Händen um den Leichnam herum. Und schlussendlich entschieden sie gemeinsam, dass es die größte Ehre wäre, ihn zu zerstückeln und dem Meer zu übergeben. Und ich sah zu. Schockiert, angeekelt und verängstigt.

Da ich Manfred nicht beunruhigen wollte, erzählte ich ihm nur von dem Pärchen mit dem Bootsunfall. Ich erklärte ihm, dass der junge Mann aussehe wie unser Freund Mario, worauf Manfred antwortete: „Ja, du hast Recht, er sah ein wenig aus wie Mario. Aber er war es nicht. Mario ist zu Hause und es geht ihm gut." Wie beruhigend.

Aber nicht lange, denn kurze Zeit später dachte ich, Manfred würde neben mir in einem Krankenbett liegen und selbst eine Operation benötigen. Ich glaubte tatsächlich, er hätte eine Krebsdiagnose erhalten und bräuchte dringend eine Operation. Natürlich war ich außer mir vor Sorge. Ich sah, wie Manfred neben mir in dem Krankenbett lag und meines Erachtens ging es ihm nicht gut. Von einer Sekunde zur nächsten konnte ich ihn aber nirgends mehr sehen, also fing ich an, nach ihm zu suchen und rief ständig seinen Namen: „Manfred, Manfred, Manfred!" Ein Pfleger ahmte mich sogar nach, da ich gefühlte 100-mal Manfreds Namen rief. Ich war wirklich in großer Sorge. Ich fragte eine Schwester, ob sie ihn schon in den Operationssaal gebracht hätten, worauf sie meinte: „Nein, nein, Frau Margreiter, Ihr Mann ist nur zu Besuch hier. Er liegt nicht stationär bei uns. Es geht ihm gut." So ein Quatsch, die hatte anscheinend keine Ahnung, was auf der Etage los war. Ich hatte ihn doch eindeutig gesehen! Manfred hatte neben mir in einem Bett gelegen und er war krank. Als mich ein Pfleger holte, um mich zu einer Untersuchung zu bringen, und mich dabei in meinem Krankenbett durch die Gänge der Klinik und in einen Aufzug schob, befragte ich sofort die jungen Männer, die sich darin befanden, ob sie wüssten, wo Manfred sei.

Ich dachte tatsächlich, die Jungs wären ein Teil einer Fußballmannschaft. Irgendwelche Helden einer Nationalmannschaft. Nun ja, wie auch immer. Ich erklärte ihnen sofort, dass es kein Klacks wäre, wenn man nach einer Krebsdiagnose die Hoden entfernt bekäme, damit hätte sicher jeder Mann ein Problem. Natürlich hatte keiner Manfred gesehen, geschweige denn eine Ahnung, worum es gerade ging oder wer Manfred überhaupt war.

Nach der Untersuchung brachte mich der Pfleger wieder zurück ins Zimmer und ich war der Meinung, sie hätten das ganze Zimmer auf ein anderes Stockwerk verlegt. Genauer gesagt nicht nur das Zimmer, sondern die ganze Station. Und sämtliche Utensilien bis hin zur Stationsküche wären in einen Waggon gepackt und mit einem Zug an einen anderen Ort geliefert worden. Crazy. Ich gratulierte sogar jemandem, dass er es logistisch perfekt gemeistert hätte: „Fritz, du hast das super gemacht, Respekt!" Keine Ahnung, wer das war, ob er Fritz geheißen hat oder eine Ahnung hatte, wovon ich redete, aber ich habe ihn gelobt und er hat sich dafür bedankt. Also alles gut.

Dann sah ich plötzlich Manfred in einem Bett in einem Aufwachraum liegen, dachte ich jedenfalls. Ich fragte, ob es ihm gut ginge und er meinte nur: „Ein bisschen müde, aber alles o.k." Kurze Zeit später stand er (wieder in echt) an meinem Krankenbett und ich erkundigte mich sofort, ob er denn keine Schmerzen hätte nach der Operation und warum er so schnell schon wieder auf den Beinen wäre.

Wenn ich jetzt ganz ehrlich bin, ich dachte wirklich, er hätte Hodenkrebs und sie hätten seine Hoden entfernt und durch Implantate ersetzt. Und ein Arzt hätte mir vorher erklärt, worauf man dabei achten müsse. Wie wichtig es wäre, dass man das richtige Material auswähle. Denn manche seien zu schwer und manche könnten in der Sonne ziemlich warm werden.

Ich fragte Manfred: „Tut das nicht weh? Und aus welchem Material bestehen die denn nun?" Trotz seiner Verwunderung blieb er wie immer vollkommen gelassen und meinte:

„Nein, alles ist gut. Es tut nicht weh. Ich habe keine Schmerzen, Schatz." Und ich war wieder zufrieden. Es ging ihm gut, das war schön. Wir plauderten noch ein wenig, glaube ich und irgendwann war Manfred wieder weg.

Ich weiß auch, dass ich auf der Intensivstation irgendwann einmal zu einer Schwester sagte:

„Mir ist langweilig, ich möchte nach Hause." Worauf sie erwiderte: „Hören Sie einfach ein bisschen Musik, dann vergeht die Zeit schneller." Sie setzte mir die In-Ear-Kopfhörer ein, drückte auf Play und ich war selig. Es fühlte sich vertraut an. Es war schön, Musik zu hören. Doch zwei Songs brachten mich zum Weinen: How great thou art und Carry you home. Ich wusste nicht warum, aber sie trafen mich mitten ins Herz. Der letztere ist ein wunderschöner Titel aus der Erfolgsserie „Nashville".

Er handelt vom Versprechen einer großen Liebe:

Wenn du nicht mehr weiter weißt, du dich verloren fühlst und den Weg nicht mehr findest. Wenn du nicht mehr laufen kannst, weil Ketten auf deiner Seele liegen und dir die Last zu schwer ist. Wenn du nicht mehr sprechen kannst, weil dir die Worte fehlen. Wenn dein Herz schreit vor Kummer und niemand dein Lied hören kann, dann werde ich für dich singen. Ich werde raus gehen und dich finden. Beruhige dein Herz, ich werde dich finden und nach Hause bringen.

Was für ein toller, passender Text, im Nachhinein betrachtet.

Ich dachte bei mir: „Die Frau singt aber schön." Es war mir nicht bewusst, dass ich gerade meine eigene Stimme hörte.

***

Die Tage gingen ineinander über. Auf der Intensivstation herrschte immer reges Treiben. Ich hatte ständig das Gefühl, dass jemand kam oder ging. Es war ein unruhiger Ort. Da war die Geburtstagsfeier der kleinen Tochter der Djane-Ärztin eine willkommene Abwechslung.

Ich befand mich in der riesigen Villa der Arztfamilie. Die junge Ärztin meinte, ich solle einfach in meinem Bett liegen bleiben, alles beobachten und bloß nicht aufstehen, da sie keine Lust hätte, auch noch in ihrer Freizeit auf mich aufzupassen. Na gut, dann beobachte ich eben alles, dachte ich. Die Villa glich einem Luxushotel in Dubai. Es strotzte nur so vor Prunk. Die Möbel waren aus schwerem, dunklem Holz mit goldenen Verzierungen, es gab riesige Marmorsäulen und Teppiche wie aus Tausend und einer Nacht. Ständig kamen Lieferanten und brachten Deko, Blumen, Catering usw. Zwischendurch tauchte ein Zauberkünstler auf und fragte ausgerechnet mich, wo er seine kleine Bühne aufbauen könne. Selbstbewusst zitierte ich ihn in die meiner Meinung nach perfekte Ecke und ließ ihn dort aufbauen. Dann lief das Geburtstagskind in einem blauen Prinzessinnenkleid vorbei und schrie und tobte, weil das Catering-Team das falsche Eis gebracht hatte und der Elefant im Garten eine Schaukel zerstört habe. Der nette Elefant gehörte zu dem Zirkus, der im Garten stand, oh ja.

Im ganzen Haus liefen Künstler umher, die, da war ich mir absolut sicher, vom Cirque du Soleil stammten – unglaubliche Künstler in schillernden Kostümen. Ich muss gestehen, ich fand es ausgesprochen unterhaltsam. Die Party startete am riesigen Pool im Keller. Alle Partygäste und auch die Künstler folgten den Wünschen der jungen Dame des Hauses, und so gab es eine zusätzliche Show der Artisten *im* Wasser. Nun ja, wer hat, der kann.

Irgendwann hatte die kleine Lady dann wieder genug und wollte nach oben in den Garten. Also alle Partygäste wieder mit nach oben und ich natürlich auch. Jedoch lag ich in meinem Bett und kam nicht vom Fleck. Ich sah, dass der Weg nach oben nur über ein eigenartiges, breites Förderband ging, so wie diese Dinger in den Flughäfen. Und der Ausgang war durch einen Schranken wie bei einer Liftstation versperrt. Der Bruder der DJane-Ärztin und einige seiner Studentenkumpels standen wie Bodyguards am Ausgang. Er genoss es sichtlich, darüber entscheiden zu können, wer raus durfte und wer nicht. Bis er von seiner Mutter, der Chefärztin, und seiner Schwester zurechtgewiesen wurde und alle Gäste rauslassen musste. So stürmten alle Partypeople in den Garten, um das unglaubliche Buffet zu genießen und sich nebenbei von den Künstlern in eine absolut magische, ja mystische Welt entführen zu lassen.

Und plötzlich befand sich der ganze Tross in einer riesigen Garage. Dort sah es aus wie in der Garderobe einer alten Schule und die Partygäste tanzten zwischen den Garderobenbänken ins Freie, wo die DJane-Ärztin wieder Musik machte. Diesmal war es kein Techno, sondern kindertaugliche Discohits. Die Stimmung war richtig gut, bis zum abrupten Ende, da das Geburtstagskind leider ins Bett musste.

Ich beobachtete das Ganze von meinem Krankenbett aus und war wieder einmal auf der Suche nach einem Handy. Dieses Mal war ich der Meinung, es würden verschiedene Handys in Übergröße (ca. 1m x 0,6m) an den Garderobenhaken hängen. Ich war mir sicher, dass meines auch dabei war und dass es von jemandem beschädigt worden war. Also versuchte ich, näher heranzukommen, hatte aber keine Chance. Also bat ich die DJane-Ärztin und ihre Mutter, mir doch bitte mein Handy zu bringen. Sie waren ziemlich ungehalten und erklärten mir, dass sie absolut kein Interesse daran hätten, mich zu bedienen. Die Art, wie sie mit mir umgingen, fand ich gemein, so kam ich auf die Idee, mich bei meiner Freundin Gabi zu melden und ihr zu berichten, dass mein Handy beschädigt worden war und die DJane-Ärztin und ihre Frau Mama nicht nett zu mir gewesen waren. Denn ich dachte auf einmal, dass die DJane-Ärztin die Chefin von Gabi wäre. Und wie durch Zauberhand kam mir Gabi zu Hilfe und schickte ihrer sozusagen Chefin eine WhatsApp-Nachricht: „Lieb sein, weißt eh: Eat, pray, love!" Was auch immer das bedeuten sollte, es wirkte. Die Ärztin wurde freundlicher und brachte mir sogar das überdimensionale Handy ans Bett. Und ich war wieder happy. Nur hatte ich genug von der kalten Garage und wollte zurück in mein Zimmer. Ich konnte ja schließlich nicht die ganze Nacht in dem kalten Gemäuer bleiben. Die Gefahr, dass ich mich dort womöglich erkälte und am nächsten Morgen nicht nach Hause dürfte, war mir eindeutig zu hoch. Also versuchte ich, alleine in mein Zimmer zurückzugelangen. Das heißt, ich lag im Krankenbett und versuchte, mich mit Hilfe meiner Beine an der Wand entlang abzustoßen und so das Bett voranzuschieben, um in einen Fahrstuhl zu gelangen. Und irgendwie schaffte ich das auch. Dann war wieder alles dunkel. Filmriss.

***

Danach folgte die Begegnung mit der „Kosmetikerin" oder genauer gesagt einer berühmten „Beautysalonbesitzerin". Eigentlich war es ja eine Krankenschwester, die mit mir das „Essen" übte. Das heißt, ich musste das Kauen und Schlucken wieder lernen. Nach ca. 15 Tagen künstlicher Ernährung kein so einfaches Unterfangen, da der Schluckreflex zwischenzeitlich auf Eis gelegt war.

Ich wurde also von ihr gefüttert und dabei äußerst kritisch beäugt. Sie achtete sehr darauf, dass ich mich nicht verschluckte, denn das hätte in meiner Situation fatal enden können. Sie schimpfte sogar mit mir, da ich mich zu wenig auf das Essen konzentrierte und ständig mit dem Kopf in Bewegung war und obendrein noch quatschen wollte, obwohl ich den Mund voll hatte. Und das ging ja nun mal gar nicht.

Ehrlich gesagt ließ ich mich furchtbar schnell ablenken. Das lag vermutlich daran, dass ich unglaublich schreckhaft und hellhörig war. Ich zuckte bei jeder Kleinigkeit zusammen. Ein nervöses, kleines Energiebündel. Das kleinste Geräusch und schon war ich in Alarmbereitschaft. Es dauerte Monate, bis sich das legte.

Meine Realität sah in dem Moment so aus, dass diese Dame eine berühmte Beautysalonbesitzerin war und ich sie von früher kannte. Ich sprach sie mit dem Vornamen an und sagte ihr, dass ich mich sehr freue, sie wiederzusehen. Und sie freute sich anscheinend auch. Sie war so nett und ließ mich in dem Glauben, dass wir uns kannten. Wir machten Small Talk über alte Zeiten und sie erklärte mir, wie wichtig das richtige Essen für unsere Haut sei, Anti Aging von innen sozusagen. Bei jedem Löffel, den sie mir in den Mund steckte, erklärte sie mir, was es war und fragte, ob ich den Unterschied schmecken könne. Ehrlich gesagt konnte ich nichts unterscheiden, behauptete aber überzeugend, wie gut alles schmecke. Am Anfang verwöhnte sie mich mit Joghurt, Apfelmus und verschiedensten Breisorten. Und irgendwann durfte ich dann sogar winzig kleine Happen Brot haben. Cool, oder?

Sie ließ mich ewig lange kauen und nach jedem Bissen musste ich den Mund weit aufmachen, damit sie kontrollieren konnte, ob ich auch wirklich alles runtergeschluckt hatte. Einige Tage hatte ich das Vergnügen mit der netten „Kosmetikerin" und danach schaffte ich es mehr oder weniger alleine. Das heißt, ich wurde zwar gefüttert, jedoch nicht mehr bei jedem Bissen kontrolliert.

***

Irgendwann erhielt ich Besuch von zwei Physiotherapeuten, einem jungen Mann und einer Frau. Sie checkten, inwieweit sich die Lähmung meiner linken Körperhälfte gebessert hatte, und machten ein paar Übungen mit mir, um wieder etwas Bewegung in meinen Körper zu bringen. Sie meinten auch, ich sollte vielleicht versuchen, mich, mit ihrer Hilfe, im Bett aufzusetzen. Das war aber eindeutig noch zu früh. Ich hatte keine Chance, absolut keine Kraft. Ich fühlte mich wie ein Gummimännchen ohne Rückgrat. Ich konnte meine Arme und Beine mehr oder weniger eigenständig bewegen und links und rechts unterscheiden, Gott sei Dank, jedoch alleine sitzen ging nicht. Die beiden Therapeuten lobten mich trotzdem für meinen Willen, es wenigstens zu versuchen, und meinten, es wäre sowieso unglaublich, wie gut es mir nach so kurzer Zeit schon ginge.

Meine Wirklichkeit sah in diesem Moment so aus, dass ein Therapeutenpärchen vor mir stand, das ich ebenfalls von früher kannte und schon des Öfteren mit ihnen zu tun hatte.

Ich denke, es war eine Art Schutzmechanismus, dass ich immer wieder der Meinung war, die Menschen zu kennen, die mir im Krankenhaus begegneten. So als ob sich meine Seele etwas Vertrautes wünschte – vielleicht, damit sich das Ganze weniger beängstigend anfühlt.

Meines Wissens also war die junge Dame beim letzten Treffen schwanger gewesen und ich sprach sie darauf an: „Mensch, haben wir uns lange nicht mehr gesehen, wie geht es euch denn? Bei meiner letzten Physio-Behandlung hattest du noch einen Babybauch. Und der war ein wenig im Weg, weißt du noch?" Ha, ha, was haben wir gelacht.

Ja und jetzt waren sie hier und freuten sich anscheinend auch, mich endlich einmal wiederzusehen. Das Pärchen war glücklich verheiratet, das Kind ging mittlerweile zur Schule und sie arbeiteten nebenbei als Fotografen. Nun meinten sie, sie bräuchten ein Foto von mir für einen Bericht der Klinikzeitung. Es sollte ein Artikel erscheinen unter dem Titel „Hier sind Sie perfekt aufgehoben!" Es ging darum, die Intensivstation in ein positiveres Licht zu rücken, damit Menschen, deren Angehörige sich dort befänden, die Angst davor verlören.

Und da ich als Mitglied einer Band in unserer Gegend vielleicht ein klein wenig an Bekanntheitsgrad genoss, sollte ich als gutes Beispiel dienen. Sie wollten zeigen, wie unglaublich gut die Behandlungen in der Klinik seien, dass man trotz eines Notfalles wie meinem nach so kurzer Zeit schon wieder fit sein könne. Man solle sehen, dass man sich auf einer Intensivstation auch wohlfühlen könne. Darum baten sie mich, mich im Bett aufzusetzen und in einem tollen roten Negligé ein wenig in Pose zu werfen. Oh ja, ich in einem Negligé! Gott behüte, ich fühlte mich so unwohl dabei. Ich konnte fühlen, dass ich halb nackt war. Ihr versteht – Krankenhaushemd! Ich hatte meine Bedenken. Ich konnte mir absolut nicht vorstellen, dass solch ein Foto gerade in einer Klinikzeitschrift eine gute Idee wäre. Doch die beiden meinten, es sehe sehr schön aus und komme bei den Lesern sicher gut an. Und es ginge ja nur darum, dass die Menschen sehen, wie „toll" es auf der Intensivstation sei. Ja natürlich, super toll!

Also im Bett sitzen, in Pose werfen und lächeln. Eine einfache Aufgabe, möchte man meinen. Obwohl ich mein Bestes gab und versuchte, mich irgendwie aufzurichten, hatte ich keine Chance, sondern wackelte nur von einer Seite zur anderen und schaffte es keine fünf Sekunden, aufrecht zu bleiben. Ich hatte das Gefühl, zu versagen und schämte mich dafür.

Die Physiotherapeuten waren aber sehr nett und meinten, es sei alles in bester Ordnung, sie hätten ein tolles Foto. Dann packten sie ihre Sachen zusammen und gingen zum nächsten Termin.

Zurück in der wirklichen Wirklichkeit sah eine Schwester, dass ich den Tränen nahe war und versuchte, mich zu trösten. Sie meinte liebevoll. „Bitte kränken Sie sich nicht. Sie sind einfach noch zu schwach, um aufrecht sitzen zu können. Das ist ganz normal nach dem, was Sie erlebt haben. Abgesehen davon gibt es auf der Intensivstation nur Spezialbetten, die sind viel weicher als normale Betten, und so ist es auch viel schwieriger, sich darin aufzurichten oder abzustützen." Sie berührte sanft meine Schulter: „Bald werden Sie auf die normale

Station verlegt, dort haben Sie ein normales Bett und dann klappt es ganz bestimmt. Und schließlich werden Sie jeden Tag ein wenig stärker." Sie zog die Bettdecke zurecht, schüttelte kurz mein Kopfkissen auf und meinte: „Sie sind eine Kämpferin, Frau Margreiter, das habe ich schon gesehen. Ich weiß, dass Sie es schaffen. Haben Sie nur Geduld." Ich seufzte traurig:

„Dankeschön." Dann blickte ich mich zum ersten Mal ein wenig um und versuchte, das besagte Spezialbett genauer zu betrachten. Und zum ersten Mal sah ich die ganzen Maschinen und Monitore, die um mich herumstanden. Es sah aus wie in einem Film, es war unwirklich und beeindruckend zugleich.

Ich realisierte aber immer noch nicht, dass mich diese Maschinen zwölf Tage lang am Leben gehalten hatten.

***

Next Stop: eine Schlittenfahrt. Mein Krankenbett war ein riesiger Schlitten, mit dem ich einen steilen, schneebedeckten Abhang hinunterbrauste und schlussendlich in einer Tiefgarage landete. Während der rasanten Fahrt lag ein kleines Mädchen in einem süßen weißen Nachthemd neben mir. Es weinte bitterlich, da es ihren Papa vermisste. Also versuchte ich, es zu trösten und sang ein Lied vor:

> *I walked across an empty land*
> *I knew the pathway like the back of my hand*
> *I felt the earth beneath my feet*
> *Sat by the river and it made me complete*
> *Oh, simple thing, where have you gone?*
> *I'm getting old, and I need something to rely on*
> *So, tell me when you're gonna let me in*
> *I'm getting tired, and I need somewhere to begin*[2]

---

2 Ich ging durch ein ödes Land.
Ich kannte den Weg wie meine Westentasche. Ich fühlte die Erde unter meinen Füßen.
Saß am Fluss und dort fühlte ich mich vollkommen.
Was ist aus den einfachen Dingen des Lebens geworden?
Ich werde alt und brauche etwas, auf das ich mich verlassen kann. Also sag mir, wann wirst du mich herein lassen?
Ich werde müde und muss irgendwo anfangen.

Ich streichelte dem Mädchen so lange über das Haar, bis es eingeschlafen war. Und als der Schlitten in der Tiefgarage zum Stillstand kam, verwandelte sich das kleine Mädchen plötzlich in eine Ziege, sprang vom Schlitten und verschwand. Und zack – war der Schlitten wieder ein Krankenbett.

Es waren ziemlich viele Leute in dieser Garage. Auch die Arztfamilie war dabei. Sie verhielten sich ganz eigenartig und beobachteten mich auf unheimliche Weise. Ich dachte, sie wären nun asiatische Geheimagenten aus einem Chinarestaurant. Sie schlichen um mich herum und fragten, wie ich mit diesem riesigen Schlitten in die Garage gekommen wäre. Ich meinte darauf nur cool: „Mit meiner Willenskraft." Da schüttelten sie lachend den Kopf und begannen zu lästern: „Verrücktes Ding, als ob die so etwas könnte, ist doch lächerlich, die hat sicher eine Schraube locker und überhaupt, wisst ihr, was sie mit dem Handy in der Klinik gemacht hat?" Ich wurde wütend und setzte mich ziemlich lautstark zur Wehr: „Wer gibt Ihnen eigentlich das Recht, so herablassend und gemein zu sein, gerade Sie als Ärzte müssten in Ihrem Job doch etwas mehr Herzenswärme zeigen!" So, denen hatte ich es aber gezeigt. Und siehe da, ich hörte Applaus. Links von mir befand sich eine Holzwand mit einem riesigen Glasfenster und dahinter verbarg sich eine Sauna. Und in dieser Sauna stand ein großer Mann in einem Teufelskostüm mit riesigen Hörnern. Ich war mir sofort absolut sicher, dass es sich dabei um unseren Schlagzeuger Simon handelte. Er applaudierte heftig und winkte mir zu: „Super, Andrea! Lass dir nicht immer alles gefallen. Wehr dich endlich mal. Zeig es ihnen!" Ein klein wenig stolz flüsterte ich: „Danke." Leicht verwundert, ihn so zu sehen, fragte ich, was es mit dem Teufelskostüm in der Sauna auf sich hatte, und er antwortete: „Das mach ich immer so, dadurch schwitzt man mehr. Ist gesünder!" Und auf meine Frage, ob seine Frau Romana auch da wäre, grinste er: „Nein, Sauna mag sie nicht." Sauna an sich oder kostümiert in der Sauna? Wie auch immer.

So stand er also im Teufelskostüm in der Sauna, schwitzte wie ein Weltmeister und ich sah amüsiert zu. Bis plötzlich eine Krankenschwester um die Ecke bog und mich furchtbar erschrak, als sie schrie: „Oh, wie ich das hasse!" Sie starrte mit riesigen Augen in die Scheibe:

„Ich hasse es! Ich habe Angst vor diesen Dingern. Ist das so ein Irrer von einem Perchtenlauf?[3] Ist doch vollkommen bescheuert, oder?" Wow, mir war sofort klar, dass sie mit solch alten Bräuchen nichts am Hut hatte. Darum erklärte ich ihr bereitwillig, dass sie keine Angst zu haben bräuchte, denn unter dem Kostüm stecke nur Simon und der ist total nett. Die Krankenschwester ließ sich aber nicht von mir überzeugen, machte eine nicht gerade freundliche Handbewegung und ging kopfschüttelnd und schimpfend weiter. Ich sah zu Simon, zuckte mit den Schultern und meinte: „Ach, was soll´s." Er lachte, setzte sich auf einen kleinen Hocker und versuchte, sich den Schweiß unter der Teufelsmaske wegzuwischen. Die Glasscheibe der Sauna begann zu beschlagen und ich sah, dass plötzlich hunderte winzig kleine Spinnen erst von der Decke runter und dann überall an der Scheibe entlang nach unten krabbelten. Das war mir dann doch zu gruselig, also drehte ich mich um und inspizierte die Garage etwas genauer.

Es waren nicht nur viele Menschen dort, sondern auch unzählige Tiere. Es war ein Mini- Zirkus oder eine Kleintierausstellung, so genau konnte ich das nicht sagen. Anscheinend gab es eine Vorführung oder einen Wettbewerb mit anschließender Preisverleihung. Ziegen, Hasen, Hunde, Katzen und sogar Schweinchen liefen nacheinander über einen Laufsteg und zeigten ihre Kunststücke. An einem verräterischen Murren erkannte ich sofort, dass auch unser Liebling dabei war – unsere Katze Muigi, die ich immer liebevoll Notschi, Mädi oder Notsch-Notsch nenne. Ich war so happy, sie zu sehen, ich hatte sie so vermisst. Elegant stolzierte sie über den Laufsteg und kokettierte mit einem hübschen schwarzen Kater. Und schwups war ich der Meinung, sie wäre schwanger von diesem Kater. Einem Zirkuskater! So ein Schlawiner!

Dann bemerkte ich, dass diese Vorführung auch von unseren Nachbarn beobachtet wurde.

Sie standen hinter einem Paravent und schielten durch einen schmalen Spalt. Sie unterhielten sich über Notschi und mich. Sie meinten, es wäre sowieso besser, wenn ich sehr, sehr lange im Krankenhaus bleiben müsse oder vielleicht gar nicht mehr nach Hause käme, dann könnten sie die Katze für sich alleine haben. Gesagt, getan, lockten sie sie mit Leckerlis hinter den Paravent und gingen mit ihr zu Fuß bis zu uns nach Hause. Catnapping sozusagen.

---

3 Umzug und Tänze in Kostümen und Perchtenmasken

Nun war ich auf einmal der Meinung, dass sich diese Garage mit dem Mini-Zirkus in unserer Gemeinde befindet, nur einige Straßen von unserem Haus entfernt. Ich durfte gerade mit Valentina telefonieren und so erklärte ich ihr ziemlich aufgebracht, was geschehen war. Also, dass ein Mini-Zirkus mit dem Zug angereist sei und dass er sich in einem Haus im Dorf befände und Papa genau wüsste, welches Haus das wäre.

Natürlich erwähnte ich auch, dass unsere geliebte Notschi entführt worden sei und sie von dem Zirkuskater schwanger wäre.

Valentina war zwar ziemlich irritiert über die Menge an eigenartigen News, blieb aber ganz gelassen und meinte: „Ach schön, Mama, ich freue mich sehr auf die zauberhaften Katzenbabys." Es gab nie welche. Schade.

Kapitel 5

Nun denn, in einem etwas lichteren Moment bekam ich mit, dass ich auf eine andere Station verlegt wurde. Das heißt, ich kam von der Intensivstation auf die normale Station. Ich sah, wie Pfleger unzählig viele Kabel umsteckten oder entfernten und mich zum Transport bereitmachten. Sie legten mir meine Krankenakte ans Fußende und schoben mich mit dem Bett Richtung Tür. In einem kleineren Nebenraum glaubte ich, eine Dame zu sehen, die auf einem Hometrainer saß und heftig in die Pedale trat. Freundlich nickte ich ihr zu, hob den Daumen und meinte. „Super fleißig, bravo!" Sie lächelte zurück: „Dankeschön."

Und schon schob man mich in einen Aufzug. Dort war ich total begeistert von den schönen Lichtern und Druckknöpfen an der Schalttafel und sagte zu dem jungen Mann, der mich in mein neues Zimmer bringen sollte: „So schön, oder? Wer putzt das Ganze eigentlich?" Der junge Mann war wirklich süß und antwortete lächelnd: „Das weiß ich jetzt leider nicht."

„Egal, ich finde es schön."

„Ja, sehr schön." Er versuchte, etwas mehr von mir zu erfahren und fragte, warum und seit wann ich denn in der Klinik sei, worauf ich kurz und bündig antwortete: „Seit unserem Jahrestag!" Nun ja, das war jetzt nicht ganz die Wahrheit, aber auch nicht ganz daneben. Er nahm es jedenfalls zufrieden zur Kenntnis und schob mich aus dem Lift, als wir die richtige Etage erreicht hatten. Als ob er wüsste, wann mein und Manfreds Jahrestag ist …

Raus aus dem Lift, ging es durch unzählige Gänge, Tunnel und Schiebetüren in Richtung neue Heimat. Mal rechts, mal links, dann wieder gerade aus. Ehrlich gesagt, alleine hätte ich niemals im Leben mehr hinausgefunden. Während dieser aufregenden Fahrt fragte ich ständig nach Manfred und wo die Toiletten seien. Als ob nur diese zwei Fragen wichtig wären. Nein, stimmt nicht ganz, am Anfang war auch „ich will ein Handy" mit dabei.

Jedenfalls startete ich erneut einen Versuch: „Auf den Gängen müssen doch Toiletten sein, da kann ich sicher mal raus aus dem Zimmer und aufs WC gehen, oder?" Der Pfleger hielt das aber für keine so gute Idee und meinte beschwichtigend: „Jetzt bringe ich Sie erst einmal zu Ihrem neuen Zimmer und dann sehen wir weiter." Schon einen kurzen Moment später sprach er mit der Stationsschwester, übergab ihr die Unterlagen, verabschiedete sich freundlich von mir und wünschte mir nur das Beste. Die nette Schwester schob mich dann in mein neues Zimmer, wo ich sofort mit Freude feststellen konnte, dass sogar ein Bad vorhanden war. Yes, alles gesichert, ich konnte endlich alleine aufs WC gehen. Dachte ich jedenfalls. Natürlich ging das nicht, denn ich kam alleine gar nicht aus dem Bett raus. Zum Glück, denn das hätte fatal enden können. Jedoch träumte ich davon. Wie so oft.

Die Schwester war zauberhaft. Sie meinte, sie freue sich sehr, dass ich jetzt bei ihr sei. Nett, oder? Sie sagte, sie hätte ein kurzes Update der Intensivstation erhalten und die Unterlagen gelesen – sei also schon sehr gespannt gewesen, wer da wohl kommen würde. Und jetzt müsse sie gestehen, dass sie bei dieser Krankenakte mit allem Möglichen gerechnet hatte. Sie war erstaunt, dass ich nach so kurzer Zeit schon so fit wirkte. Ich antwortete darauf nur:

„Mhm." Konnte aber, ganz ehrlich, nicht nachvollziehen, was sie damit meinte. Na ja, sie wird schon wissen, was das heißt, dachte ich. Hauptsache, sie war nett.

Sie fragte, ob ich noch einen Wunsch hätte und ich antwortete knapp: „Was zu trinken, bitte." Also brachte sie mir ein Glas Wasser, half mir bei den ersten Schlucken und stellte das Glas ganz nah an mein Bett, damit ich es auch alleine gut erreichen konnte. Eigentlich eine gute Idee, jedoch war meine Sehkraft durch die Operation immer noch ziemlich beeinträchtigt und meine Muskelkraft gleich null. Und so kam es eben, wie es kommen musste und ich griff kurz darauf, als ich noch einmal trinken wollte, gezielt daneben und das Glas inklusive Inhalt landeten auf dem Boden. Ich entschuldigte mich tausendmal dafür, denn ich glaubte, das ganze Zimmer stünde nun mindestens 10 Zentimeter unter Wasser und ich müsste deshalb wieder woandershin verlegt werden. Das war mir unglaublich peinlich. Die Schwester reagierte aber ganz locker, machte alles sauber, brachte mir eine Schnabeltasse und meinte: „Davon lassen wir uns doch nicht unterkriegen, oder? Dann probieren wir es eben so." Und damit schaffte ich es dann recht gut. Alleine etwas trinken, was für ein Fortschritt!

Ich begutachtete das neue Zimmer und stellte fest, dass an der Wand zwei Ameisen mit kleinen Motorrädern unterwegs waren. Ich glaube, sie machten ein Rennen. Im Hintergrund hörte ich den Song „Born to be wild" und fand das amüsant. Eine Zeit lang beobachtete ich die Situation und fühlte mich irgendwie happy.

In Wahrheit waren es zwei Nägel an der Wand. Doch wie gesagt, mein Sehvermögen war noch nicht optimal. Darum sah ich vieles doppelt und in Bewegung, also zwei Ameisen auf Motorrädern. Ich fand es jedenfalls cool.

Ich muss gestehen, dass ich mich in dem neuen Zimmer um einiges wohler fühlte als auf der Intensivstation. Das konnte nun daran liegen, dass es ruhiger war oder dass ich langsam etwas klarer wurde. Oder ... dass mir Manfred und ein Pfleger die Füße massierten. Ich war selig und meinte entspannt: „Das ist sooooooo fein, bitte nie, nie, nie mehr aufhören." Dem Pfleger machte ich ein Kompliment, dass er wohl der beste Pfleger der ganzen Welt sei und mein absoluter Liebling und das freute ihn sehr. Und nur zur Info: Manfred war nicht eifersüchtig.

***

Danach wurde es wieder verwirrend. Es wurde langsam dunkel. Ich war müde, blickte in Richtung Glasfront und glaubte, einen Mann draußen auf dem Balkon stehen zu sehen (es gab dort keinen Balkon!). Er schien auf irgendetwas zu warten. Immer wieder sah er durch das Fenster und winkte mir sogar freundlich zu. Ich fragte einen Pfleger, was der Mann dort draußen mache und erhielt die Erklärung: „Der wartet auf eine der Damen. Wenn man ihn hereinlässt, kann man sich etwas dazuverdienen." Was sollte das denn heißen?

Dann ging der Fremde plötzlich über eine Außentreppe in den Innenhof. Ich war der Meinung, dass mich eine Schwester vorher darüber aufgeklärt hatte, dass ich in ein Zimmer der Normalstation kommen würde, es sich aber leider in einem „ärmeren Viertel" befände. Also dachte ich nun, dass das Haus von gegenüber ein Heim für Prostituierte sei. Dubios.

Der Mann ging also die Treppe hinunter und zu dem Haus von gegenüber. Er blickte nach oben und schien etwas hochzurufen. Im zweiten Stock öffnete sich langsam ein Fenster und eine ziemlich leicht bekleidete Dame rief etwas nach unten. Die Diskussion der beiden wurde hitziger und sie begannen schließlich, sich lautstark zu streiten. Und dann kam das Unglaubliche: Ich sah, wie die Dame ein Baby aus dem Fenster warf. Was für ein Schock, wie konnte sie so etwas tun? Ich sah, wo das Baby am Boden lag und informierte sofort den Pfleger. Er erklärte mir gelassen: „Ach, das ist schon öfter passiert. Manche Frauen machen so etwas in ihrer Verzweiflung. Ich kümmere mich darum." Oh mein Gott, was heißt hier „ich kümmere mich darum"? Die Frau hatte ein Baby aus dem Fenster geworfen, holt die Polizei – sofort! Als ich wieder aus dem Fenster sah, waren der Mann, das Baby und das Haus von gegenüber verschwunden. Verwundert drehte ich mich um und bemerkte, dass der Pfleger nun aussah wie ein Zauberkünstler. Er jonglierte mit bunten Bällen, zauberte eine Taube aus seinem Hut und machte Kartentricks. Begeistert und erstaunt zugleich fragte ich, ob er das schon lange mache. Stolz antwortete er: „Ich bin der Star der Manege. Ohne mich könnte der Zirkus nicht existieren!" Der was? Zirkus?

Langsam drehte ich mich wieder um, blickte Richtung Fenster und sah plötzlich eine Bettnachbarin. Sie blickte ganz gespannt ins Freie. Ich fragte nach ihrem Namen, von wo sie komme, warum sie hier sei usw. Wir unterhielten uns recht nett. Ich glaubte auch, dass sie einen Onkel von mir kenne: einen Priester, der leider schon verstorben ist. Jedenfalls meinte sie, dass sie mich und die Band, in der ich singe, kennen würde und uns schon einige Male bei Auftritten gesehen hätte. Sie meinte auch, dass ihr die Kirchenkonzerte, die wir immer machen, am besten gefielen. Ich freute mich sehr über dieses Kompliment und erzählte ihr voller Stolz, dass wir eine Weihnachts-CD aufgenommen hätten. Das heißt, in einem meiner klareren Momente hatte ich mitbekommen, dass Manfred mir erzählt hatte, dass die CD fertig sei und nun zum Verkauf zur Verfügung stünde. Ich wusste auch, dass er mir die Songs auf mein Handy geladen hatte, ebenso das Bild meines selbst kreierten CD-Logos.

Eigentlich hörte ich diese Songs schon, als ich noch im Koma lag, denn Manfred spielte sie mir ständig vor. Und er bat die Schwestern, diesen Part zu übernehmen, wenn er nicht da sein sollte. Er war überzeugt davon, dass wenn es etwas gab, das mich zurückholen würde, es nur die Musik sein konnte.

Nun zurück zur Bettnachbarin. Ich erzählte ihr nicht nur voller Stolz, dass wir eine CD aufgenommen hatten, sondern schlug auch vor, ihr einen Song daraus vorzuspielen. Ich mit dem Handy – kann nur gut gehen, oder? Natürlich klappte das nicht. Ich sah ja immer noch doppelt und wusste ehrlich gesagt nicht, was ich da tat. Ich tippte und wischte irgendwie auf dem Handy (nun in echt, glaube ich jedenfalls) herum, doch nichts geschah. Irgendwann glaubte ich, doch ein Ave Maria zu hören, und die Bettnachbarin schien ein wenig mitzuschunkeln. Sie meinte, sie liebe dieses Lied, und das freute mich umso mehr. Dann wurde es plötzlich ziemlich laut in dem Zimmer. Draußen tobte ein heftiger Sturm. Ich glaubte auf einmal, in Kufstein zu sein und vor dem Fenster ein riesiges Werbeplakat zu sehen. Ein Werbeplakat von einem Zirkus, der in der Stadt gastieren würde. Ich dachte mir:

„Bei dem heftigen Sturm wird es vermutlich keine Aufführung geben." Es war Nacht, schwarze Gewitterwolken verdeckten den Himmel und wurden nur durch heftige Blitze durchbrochen. Die Bäume bogen sich im Wind und ich sah, wie ein Fuchs über das Dach kletterte. Ja, über das Dach des Krankenzimmers! Ich sah den Schatten des Tieres an der Decke. Die Bettnachbarin starrte nach draußen. Sie sah nun in ihrer Körperhaltung aus wie eine überdimensionale Katze und neben ihr saß ein schwarzer Panther. Ein Bär ging langsam am Fenster vorbei. Ein Reh lief durch das Zimmer wurde von einer tanzenden Ballerina begleitet und ich hatte zwei Schlangenbabys auf meinem Nachttisch. Baby-Albino-Boas. Eine versteckte sich hinter meiner Schnabeltasse und die andere schlängelte sich langsam über meinen Arm unter die Bettdecke. Vorsichtig berührte ich sie und meinte: „Das fühlt sich viel besser an als ich dachte." Obwohl ich Angst vor Schlangen habe, blieb ich ganz entspannt. Im Zimmer liefen immer mehr Tiere umher. Ich sah Igel, Hasen, Katzen, Hunde, Äffchen und einen Leoparden. Und draußen vor dem Fenster sah ich erst den riesigen Bären und dann den Zauberer, der kurz zuvor noch hinter mir gestanden hatte. Er schien den Sturm durch eine unsichtbare Macht anzuheizen. Es sah so aus, als ob er mit Hilfe eines Zauberstabes die Intensität des Windes steigern könne. Umherwirbelnd zeichnete er Kreise in die Luft und beschwor so einen Tornado herauf. Dann machte es wusch und sämtliche Tiere wurden vom Tornado verschlungen und der Zauberer sah aus wie der Sensenmann. Ja genau. Eine stattliche Gestalt in einem bodenlangen grauen Juteumhang, die Kapuze verdeckte sein Gesicht und er trug eine Sense mit sich. Zack, war ich in einer alten Holzhütte und versteckte mich vor ihm. Ich kauerte hinter der Tür des Schuppens und schielte zwischen den Holzleisten nach draußen, um zu sehen, wo der unheimliche Typ hinging. Und siehe da, plötzlich waren auch meine Bandkollegen Robert, Mo (Maurice), Klaus (mein Schwager) und Manfred (mein Manfred) da. Sie knieten hinter mir und starrten ebenso gebannt wie ich ins Freie. Wir sahen, wie der Typ mit der Sense nach uns suchte und in Richtung Schuppen schielte. Eifrig diskutierten wir darüber, wie wir wohl aus dieser brenzligen Situation entkommen konnten. Mo bot sofort an, rauszugehen und ihn abzulenken. Dann könnten wir an der Seite vorbeischleichen und uns in Sicherheit bringen. Klaus war jedoch dagegen, da es immer noch stark regnete und der Regen die Instrumente ruinieren würde. Daraufhin diskutierten wir darüber, ob wir wohl rechtzeitig aus dem Schuppen fliehen könnten, bevor wir einen Auftritt hätten. Dann hörte ich plötzlich einen lauten Knall, der Sensenmann verschwand und mich manövrierte ein starker Sog zurück ins Bett. Und wusch, waren die Jungs wieder weg, der Sturm war vorbei und ich lag leicht verwirrt und müde in meinem Bett. Danach war wieder alles dunkel.

***

Irgendwann beobachtete ich meine Zimmerkollegin beim Kofferpacken. Sie sammelte ihre Habseligkeiten ein, packte alles in einen Koffer und eine Tasche, verschloss diese gewissenhaft und setzte sich an die Bettkannte. Sie wartete darauf, abgeholt zu werden. Ganz ruhig saß sie da und schaute aus dem Fenster. Doch plötzlich sah dieses Fenster für mich aus wie der Ausgang einer riesigen Eishöhle auf der Spitze eines Berges. Draußen sah man schneebedeckte Berge und es begann zu schneien. Meine Zimmerkollegin sah zweifelnd nach draußen und meinte, dass der Abstieg ziemlich schwierig sein würde. Sie müsse sich vermutlich eine Ausrüstung organisieren, um sicher nach unten zu gelangen. Ich dachte mir:

„Die will doch wohl nicht mit ihrem Gepäck den gefährlichen Weg nach unten klettern! Da braucht man doch sicher einen erfahrenen Alpinisten, um heil nach unten zu gelangen." Sie stand am Rand der Höhle und sah nach unten. Ich hatte Angst, dass sie abstürzen könnte. Dann meinte sie plötzlich: „Oh, jetzt kommt jemand über die Leiter hoch." Leiter? Da führt eine Leiter hoch? O.k., auch gut.

Sie setzte sich an den Rand der Eishöhle und winkte nach unten. Ich hatte das Gefühl, dass es wieder dunkler wurde und machte mir Sorgen, dass der Abstieg für sie in der Nacht viel zu gefährlich sein würde. Doch da ging schon die Tür des Zimmers auf, Sanitäter kamen herein und holten die nette Dame ab. Schwupp, Eishöhle weg, Zimmer wieder da, jedoch auch der Balkon.

Durch das Fenster konnte ich einige Baustellenkräne am Klinikgelände erkennen und so dauerte es nicht lange, da sah ich Paparazzi an diesen Kränen hochklettern. Ich glaubte, dass sie sich auf die Lauer legen würden, um das ultimative Foto eines Weltstars zu ergattern.

Und dieser Star wäre keine geringere als Beyoncé!

Ja, es hieß, sie wäre im angrenzenden Zimmer untergebracht und sie hätte heimlich ein Baby geboren. Die Paparazzi robbten im Lastarm des Krans immer weiter nach vorne, um so nahe wie möglich an unseren – jetzt wieder vorhandenen – Balkon zu gelangen. Vermutlich wollten sie dann auf den Balkon springen, um ein Foto vom Nachbarzimmer zu schießen.

Irgendwann kam sogar ein Hubschrauber, der mit Kameras bewaffnet das Gelände umkreiste. Mich machte das ziemlich nervös, also drängte ich eine Krankenschwester, doch bitte auf den Balkon zu klettern und dem Schauspiel ein Ende zu setzen. Sie sollte den Reportern erklären, dass sich Beyoncé sicher nicht im Nachbarzimmer befinde und auch kein Baby bekommen hätte. Das wäre doch Unsinn, ein Weltstar wie sie, in Innsbruck in der Klinik! Also nein! Die Schwester kletterte liebenswürdigerweise aus dem Fenster, stellte sich mutig vor die nervigen Paparazzi und klärte das Missverständnis auf und meinte dann: „Aber die Sängerin der Band Rat Bat Blue ist hier! Sie hatte eine schwere Operation und ist vermutlich schwanger! Das wäre doch auch eine Story wert."

Waaas? Wohl kaum! Ich wehrte mich vehement gegen diese Aussage. So ein Blödsinn – ich und schwanger – in dem Alter! Abgesehen davon, als ob sich die Paparazzi für mich interessieren würden. So ein Quatsch.

Kapitel 6

Danach wurde es langsam etwas heller. Also meine Gedanken wurden klarer. Ich weiß, dass die Visite irgendwann ins Zimmer kam und jemand sagte: „Frau Margreiter ist heute noch etwas müde. Sie hatte eine anstrengende Nacht." Und ich dachte mir nur: „Wenn ihr wüsstet, was heute alles los war!"

So wie ich das sah, war Manfred ebenfalls im Raum und dann kamen noch die zwei Physiotherapeuten dazu. Sie machten einige Tests mit mir, checkten, wie es um meine Lähmung bestellt war und wollten schließlich noch einmal den Versuch starten, mich im Bett aufzusetzen. Aufsitzen im Bett, ja klar. Das ist doch ein Klacks. Sie entfernten das Gitter, hoben meine Beine über die Bettkannte und halfen mir ganz vorsichtig hoch und, glaubt es oder nicht, diesmal schaffte ich es tatsächlich, einige Sekunden sitzen zu bleiben. Natürlich schwankte ich in alle Richtungen, aber ich fiel nicht aus dem Bett! Ganz, ganz kurz spielte ich sogar mit dem Gedanken aufzustehen (um Manfred zu beeindrucken), änderte aber zum Glück mein Vorhaben und blieb einfach nur sitzen – alleine! Versteht ihr – ohne Hilfe! Die Therapeuten standen dicht bei mir, hielten mich aber nicht fest. Cool, oder? Und die ganze Zeit über hatte ich nur Augen für Manfred. Das Einzige, das mich in dem Moment interessierte, war, ob er stolz auf mich war. Natürlich war er das. Stolz, dankbar, erleichtert und noch vieles mehr. Er lächelte mich an und seine Augen strahlten dabei. Mein Gott, wie ich diesen Mann liebte. Ich war happy, aber auch gerädert von dem anstrengenden Versuch, mich aufrecht zu halten. Die Therapeuten waren mit meiner Leistung sehr zufrieden, meinten, für das erste Mal sei es genug, und halfen mir zurück ins Bett. Ich kuschelte mich in die Decke und versuchte nun, dem Gespräch zwischen Manfred und den Ärzten zu folgen: Die Lähmung sei schon etwas zurückgegangen, das Antibiotikum greife zum Glück endlich, langsam hätten wir den Krankenhauskeim im Griff, die Werte sähen besser aus, Lungenentzündung heile ab, fieberfrei, Lunge arbeitet wieder usw. Was war das bitte, wovon sprachen die da? Von mir? Ich blickte fragend zu Manfred und hoffte auf eine Erklärung. Die Verwunderung konnte man mir sicher ansehen: „Wovon reden die da?" Manfred streichelte meine Hand, lächelte und meinte ganz locker: „Alles gut, Schatz. Die Ärzte haben alles im Griff. Du brauchst nur etwas länger Antibiotikum, dann ist es wieder o.k."

„Aber warum? Was habe ich denn?"

„Eine Lungenentzündung, Schatz, aber die klingt schon wieder ab."

„Wieso habe ich eine Lungenentzündung und wieso sagte er etwas von einem Krankenhauskeim? Ist das nicht gefährlich?" Manfred blieb total gelassen: „Nein, es ist alles in Ordnung, sie haben das im Griff. Wirst sehen, das wird schon wieder."

„Das wird schon wieder" – was für eine Aussage nach so einem Ereignis! Doch für mich war es die einzige Info, die zählte. Manfred sagte, das wird wieder, und ich glaubte ihm. Ich verließ mich zu hundert Prozent darauf. Schließlich gab und gibt es niemanden, dem ich mehr vertraue.

Nun denn, eine Ärztin stellte mir zum Abschluss der Visite noch einige Fragen und bei: „Wie ist es mit dem Sehvermögen? Sehen sie eventuell noch doppelt oder verschwommen?", log ich ihr geradewegs ins Gesicht: „Nein, alles gut!" Natürlich sah ich noch doppelt, aber das konnte ich ihr doch nicht sagen, ihr wisst warum: Dann lässt sie mich womöglich nicht nach Hause. Die Visite war also sehr zufrieden mit mir, verließ das Zimmer, um ihre Tour fortzusetzen und Manfred fuhr leider wieder nach Hause.

Kurze Zeit später erhielt ich Besuch von einer Ergotherapeutin. Einem richtigen Sonnenschein. Freudestrahlend kam sie ins Zimmer und begann, mit einer Unmenge an Text und Erklärungen, einige Utensilien auf meinem Nachttisch aufzubauen. Einen ganz schön ausgefinkelten Test hatte sie sich für mich ausgedacht: Sie bat mich, die verschiedenfarbigen Holzfiguren, die sie vor mir aufgebaut hatte, mit der rechten Hand hochzuheben und auf der linken Seite wieder abzustellen – noch dazu in der Farbe, die sie mir ansagte und der Größe nach sortiert. Klar doch, das ist total easy. Möchte man meinen. Ich griff mit der Hand voll daneben. Als ich es dann irgendwie schaffte, die Figur zu greifen, verfrachtete ich sie ziemlich unkontrolliert auf die linke Seite. Dieses Spielchen wiederholten wir einige Male, bis die andere Seite dran war. Das hieß dann, mit der linken Hand greifen und rechts abstellen. Ich würde mal behaupten: Preis hätte ich mit dieser Darbietung keinen gewonnen. Es fühlte sich an, als ob die linke Hand nicht mir gehören würde. Ich konnte sie hochheben, aber kontrolliert irgendwohin greifen oder etwas in die Hand zu nehmen, war Schwerstarbeit. Ich begann fast zu schwitzen, so sehr bemühte ich mich. Immer wieder versuchte ich es und verhielt mich dabei vermutlich wie ein trotziges kleines Kind. Ich war so erpicht darauf, es zu schaffen. Für mich galt nur eines: Ich muss das hinkriegen, denn wenn ich es schaffe, darf ich nach Hause.

Die Übungen dauerten vielleicht 10 Minuten, doch für mich fühlte es sich an, als ob ich einen Marathon gelaufen wäre. Um die Hand bewegen zu können und gezielt einzusetzen, benötigte ich nicht nur Muskelkraft, sondern auch mentale Kraft. Und, das musste ich mir bei meinem Genesungsweg noch des Öfteren eingestehen, das war verdammt schwer.

Meine Steuerzentrale – das Gehirn – hatte doch etwas abbekommen. Dass die Info vom Kopf bis in die Hand gelangt, war anstrengender als ein Hürdenlauf. Ein Therapeut oder Arzt, ich weiß nicht mehr wer, hatte es mir später einmal so erklärt: „Stellen Sie sich vor, Ihr Körper ist ein Computer und wurde einfach ausgesteckt und das System wurde nicht ordnungsgemäß runtergefahren. Jetzt müssen sämtliche Programme erst langsam wieder hochstarten. So ist das auch mit Ihrem Körper bzw. mit Ihrem Gehirn. Synapsen müssen sich teilweise neu verbinden und alte Verbindungen müssen erst wiederhergestellt werden. Mal ehrlich, das war ein anständiger Schuss vor den Bug. Sie hatten verdammt großes Glück. Und jetzt brauchen Sie einfach noch Geduld, bis das Ganze wieder läuft. Das ist wie ein Neustart."

„Neustart" klingt gut.

Jedenfalls war die lustige Ergotherapeutin sehr zufrieden mit mir und verließ mit einem fast gesungenen „Tschüüüs, bis morgen!" den Raum. Und ich brauchte dringend eine Pause.

Im Halbschlaf bemerkte ich, dass irgendwann zwei Schwestern auftauchten, um mich erneut in ein anderes Zimmer zu verlegen. Ich glaube, es war, weil ich sonst alleine in dem Zimmer gewesen wäre. Sie meinten, es wäre doch sicher netter für mich, eine Zimmerkollegin zu haben. Also packten sie meine Habseligkeiten in eine Tasche, legten diese auf meine Füße, drückten mir meine geliebte Schnabeltasse in die Hand und schoben mich in Richtung Ausgang. Als sie mich den Flur entlang schoben, war mir so, als ob ich eine Frau … Schwester … Ärztin … wie auch immer, jemanden sagen hörte: „Jetzt sind wir sie endlich los. Das hat schon ziemlich genervt. Und dann das mit dem Handy …" Ich hatte das Gefühl, dass sie über mich lachten und das machte mich traurig und beschämte mich. Ich wollte mich verteidigen, kam aber nicht dazu, denn da war ich schon im neuen Zimmer. Dort wurde mir dann erklärt, dass ich eine ganz zauberhafte Dame als Bettnachbarin hätte und wenn mich nicht alles täuscht, wurden wir uns so vorgestellt: „Waltraud, das ist Frau Margreiter, deine neue Zimmerkollegin. Ist das nicht schön, jetzt seid ihr nicht mehr alleine."

„Hallo Waltraud, ich bin Andrea." Die nette Dame reagierte aber kaum, da sie gerade mit ihrem Abendessen beschäftigt war. Egal, die Schwester schob mich also mit meinem Bett in die für mich vorgesehene Ecke am Fenster, erklärte noch einmal mit Nachdruck, dass ich klingeln sollte, wenn ich etwas bräuchte und wünschte mir schließlich eine gute Nacht. Ich beobachtete, wie sie aus dem Zimmer ging und glaubte, der Flur wäre nun die Eingangshalle eines Hotels. Eines alten Hotels mit einer urigen Holzvertäfelung und modrigen alten Teppichen. Einige Ärzte und Schwestern standen an der Rezeption und unterhielten sich über eine Abschiedsfeier. Die DJane-Ärztin würde anscheinend die Klinik verlassen. Ich dachte mir, wo die wohl hin wechselt, in eine Disco? Auch egal.

Plötzlich sah ich, wie ein kleines Mädchen in unser Zimmer rannte und sich unter dem Bett der Zimmerkollegin versteckte. Ich war mir sicher, dass es die Tochter der DJane-Ärztin war und sie eigentlich um diese Uhrzeit im Bett sein sollte. Die kleine Lady wollte aber nicht, darum versteckte sie sich in unserem Zimmer. In diesem Moment vollkommen überzeugt davon, dass alles echt war, warnte ich meine Zimmerkollegin: „Pass auf, da ist ein Kind unter deinem Bett. Da, sieh nur!" Sie sah mich schockiert an und rief: „Wo? Wo ist ein Kind?"

„Na da, unter deinem Bett! Beweg dich jetzt bloß nicht, sonst zerquetscht du sie!"

„Um Himmels Willen, wo ist da ein Kind?" Sie beugte sich nach vorne und blickte unter ihr Bett, konnte aber niemanden sehen. Und in meinem Wahn legte ich dann noch eines drauf und flüsterte: „Da, da sind sie! Siehst du sie? Da oben, genau über der Tür. Zwei wunderschöne Schmetterlinge. Schau hin!"

„Nein danke, die muss ich nicht sehen."

Eigentlich schade, denn es waren wirklich schöne Schmetterlinge. Ich glaube, Waltraud fand mich ziemlich unheimlich. Kann ich im Nachhinein auch gut verstehen.

Ich bewunderte zwei große Haken über der Tür und meinte: „So schöne Schmetterlinge. Sieh doch nur! Wunderschön, oder? Sieh hin! Das Mädchen unter deinem Bett, die süße Maus ist die Tochter der Ärztin. Die kenne ich. Sie wird sicher bald abgeholt."

„Schön", knurrte sie genervt. Na ja, wenn sie es nicht sehen will, kann man nichts machen. Mich überkam plötzlich eine ganz eigenartige Müdigkeit. Mir war leicht schwindelig und ich fühlte, dass etwas nicht in Ordnung war mit mir. Da war ein ungutes Gefühl. Auf einmal dachte ich darüber nach, ob ich eigentlich ich bin. Ist das wirklich mein Körper, sind das wirklich meine Gedanken, meine Gefühle? Ist das alles echt, was ich da erlebe? Zweifel kam in mir hoch. Ich glaube, die Medikamente verloren ein wenig an Wirkung. Mir wurde langsam bewusst, dass nicht alles echt sein konnte.

***

Wie gesagt, ich war müde, wollte gerne schlafen, wälzte mich aber ständig nur von einer Seite zur anderen. Plötzlich sah ich Manfred neben dem Bett stehen und mich beobachten. Also versuchte ich, ihm zu erklären, wie wichtig es sei, dass ich am nächsten Morgen fit bin.

Darauf meinte er nur cool: „Na, dann schlaf doch."

Dann sah ich die Umrisse der Schnabeltasse auf dem Nachttisch und erkannte darin einen fremden Mann. Ich erschrak und wurde noch unruhiger. Wieder verspürte ich diese Melancholie und meine Gedanken sprangen mit rasender Geschwindigkeit hin und her: Das ist nicht Manfred, ich muss nach Hause, Valentina macht sich Sorgen, ich bin so müde, ich fühl mich alleine, ich muss schlafen, wieso bin ich hier, ich kann mich nicht erinnern, ich kann mich nicht richtig bewegen, was ist, wenn ich nicht nach Hause finde, die Schwestern sind nicht echt, jemand hat meine persönlichen Sachen gestohlen, mein Kissen ist in dem anderen Zimmer liegen geblieben usw. Vollkommen wirres Zeug. Ich hatte Angst, sah Blitze vor meinen Augen und konnte diese Gedankensprünge nicht stoppen. Heute würde ich sagen, das waren die letzten Auswirkungen der Medikamente, denn als ich am nächsten Morgen wach wurde, konnte ich zum ersten Mal richtig klar denken.

Kapitel 7

Die Träume waren vorbei und die Realität begann. Ab diesem Tag erlebte ich alles wieder vollkommen bewusst. Jede Schwester, die hereinkam, jeder Arzt, das Frühstück, die Visite, ein kurzes Gespräch mit „Waltraud" – sie hieß eigentlich Marianne – erlebte ich bewusst oder normal oder klarer, wie auch immer. Auf jeden Fall fühlte es sich so an.

Als Manfred am Nachmittag zu Besuch kam, erzählte ich ihm sofort, dass ich in der Nacht von ihm geträumt hätte und mir nun bewusst war, dass es nur ein Traum gewesen sei. Ich erklärte ihm auch, dass ich es äußerst beruhigend fand, ihn an meiner Seite zu wissen. Und er meinte darauf: „Das freut mich, Schatz. In Gedanken war ich sowieso immer nur bei dir." Er setzte sich an den Rand des Bettes, nahm meine Hand und lächelte mich an. Er schenkte mir dieses wunderschöne Lächeln, das ich so sehr an ihm liebe. Ich schaute ihn an und hatte das Gefühl, ihn zum ersten Mal richtig zu sehen. Alles an ihm. Als könnte ich seine Seele sehen, seine Herzensgüte und seine positive Art, das Leben zu leben. Er strahlte eine unglaubliche Ruhe aus. Es tat so gut, ihn an meiner Seite zu wissen, seine Hand zu spüren, seine Liebe zu spüren. Was für ein Glück, er ist mein Lebensmensch.

Herzton
Du bist die Melodie in meinem Herzen,
du bist der Grund warum ich leb'.
Jeder Augenblick in deinen Armen,
ein Beweis das Liebe lebt.
Ich lege meine Hand in deine,
du gibst mir Halt und machst mir Mut.
Ich flüster' bleib für immer bei mir,
denn deine Liebe tut so gut.

©Andrea Margreiter

Und dann kam der große Moment, wir führten zum ersten Mal ein ganz normales Gespräch. Ich verhielt mich wie ein schüchternes kleines Mädchen.

Ständig blickte ich auf meine Hände und spielte nervös mit meinen Fingern. Dabei fiel mir auf, dass ich keinen Ehering trug. Ich fragte Manfred sofort, ob er wisse, wo mein Ring geblieben sei. Ich hoffte inständig, ihn nicht verloren zu haben. Und siehe da, Manfred griff in seine Hosentasche und zauberte den Ring hervor. Er steckte ihn mir an den Finger und grinste über das ganze Gesicht. Dann betrachtete er den Ring an meiner Hand, küsste meine Handfläche, atmete tief durch und wurde ganz ernst: „Weißt du, es war ein richtig mieses Gefühl, als sie mir den Ring damals einfach in die Hand gedrückt haben. Ich musste mitansehen, wie sie dich mit Blaulicht weggebracht haben und hatte keine Ahnung, was da gerade passiert. Das war grauenvoll. Ich konnte mich kaum bewegen, versuchte aber, gelassen zu bleiben, um Valentina nicht noch mehr zu beunruhigen." Es tat weh, das zu hören, es machte mich traurig. Die Zusammenhänge konnte ich aber immer noch nicht richtig verstehen. Was war da geschehen?

Und dann begann Manfred zu erzählen. Behutsam versuchte er, mir zu erklären, was mit mir passiert war und wie ernst die Sache wirklich gewesen war. Die Erinnerungen fügten sich Stück für Stück zusammen, wie ein riesiges Puzzle, das endlich ein Bild ergab. Doch dieses Bild gefiel mir nicht, es schüchterte mich ein. Ich versuchte, meine Gedanken zu ordnen und das Gehörte zu verstehen. Mir gingen tausend Dinge durch den Kopf. Ich hatte ein schlechtes Gewissen, da ich die ganze Sache „verschlafen" hatte, Valentina und Manfred aber jede Minute beinhart hatten miterleben müssen. Ich hatte meiner Familie und meinen Freunden so große Sorgen bereitet und das tat mir unsagbar leid. Hoffen und Bangen, zwölf Tage lang. Zwölf Tage lang die Ungewissheit: Wacht sie wieder auf und wenn ja, wie? Bei jedem Handyklingeln die Sorge: Ist das die Klinik?

Ich nahm all meinen Mut zusammen und flüsterte: „Das ist alles echt passiert, stimmt´s?" Und er sagte: „Ja, Schatz."
„Ich war nicht nur kurz ohnmächtig?"
„Nein."
„Ich hatte ein Aneurysma?"
„Ja."
„Ein Aneurysma ist eine Hirnblutung?"
„Ja."
„Und so etwas ist gefährlich?"
„Ja, ist es."

„Und es war verdammt knapp, oder?"
„Ja."

Wie sahen uns nur an. Diese Stille war unheimlich. Es fühlte sich an wie eine Ewigkeit. Und um es irgendwie begreifen zu können, sprach ich es zum ersten Mal laut aus: „Bin ich fast gestorben?" Manfred lief eine Träne über die Wange und er flüsterte: „Ja." Es war ein Tsunami an Gefühlen, der da auf mich hereinbrach. Ich begann zu weinen. Man kann sich kaum vorstellen, was einem da durch den Kopf geht. Ich zitterte am ganzen Körper. Die Intensität dieser Gefühle war überwältigend. Es war unwirklich, unrealistisch und einschüchternd. Es machte mir Angst. Ja, ich hatte Angst, obwohl das Schlimmste doch schon vorbei war – ich hatte es überstanden, hatte es überlebt. Ich hatte es überlebt! Immer wieder schoss mir der Gedanke durch den Kopf: Du bist fast gestorben. Hättest du nicht so viele Schutzengel gehabt, wärst du jetzt tot. TOT. Und Manfred und Valentina wären allein. Manfred nahm mich zärtlich in den Arm und versuchte, mich zu beruhigen. Er küsste meine Stirn und flüsterte immer wieder: „Es ist alles gut Schatz. Es ist alles gut." Ich schmiegte mich in seine Arme und ließ meinen Gefühlen freien Lauf: „Bitte lass mich nie mehr los." Ich weiß nicht, wie lange ich brauchte, bis ich aufhörte zu weinen und zu zittern. Ich schluchzte so lange vor mich hin, bis der Schmerz ein wenig erträglicher wurde. Es tat weh, die Dimension des Geschehenen zu realisieren.

Die Tage zuvor hatte ich mich in einer Art Glaswelt befunden und jetzt konnte ich das Klirren hören. Mein Schutzkokon zerbrach. Die Träume waren vorbei, es wurde real und war überdimensional. Zu groß, um es zu verstehen, zu groß, um es zu begreifen und zu beängstigend, um es wahrhaben zu wollen. Doch das musste ich jetzt lernen. Ich musste es annehmen, denn es war nun ein Teil meiner Geschichte, ein Teil meines Lebens, ein Teil von mir. Mit einem tiefen Seufzer versuchte ich Manfred zu zeigen, dass ich mich beruhigt hatte. Ich wollte stark sein, für ihn, für mich, für uns. Dann küsste ich ihn und flüsterte: „Danke, einfach für alles." Sein Lächeln war das Schönste, das ich je gesehen hatte.

„Nichts zu danken."

Bevor er gehen musste, umarmte er mich noch einmal und versprach mir hoch und heilig, am nächsten Tag wiederzukommen. Und ich versuchte, gelassen zu reagieren, „cool" zu bleiben, spürte aber, dass ich komplett aus dem Gleichgewicht war, innerlich schrie ich vor Angst.

„Ich freue mich auf morgen. Hab' dich lieb."

„Ich dich auch, Schatz."

Manfred strahlte mich an, warf mir eine Kusshand zu und verschwand aus dem Zimmer. Und ich war mit meinen Gedanken allein. Was war da gerade passiert? Was war mit mir passiert? Das war doch wohl ein böser Traum, so etwas konnte nicht wahr sein, oder? Ich sah mich im Zimmer um und dachte kurz daran, mich zu kneifen, damit ich aus dem Traum aufwachte.

Mensch Andrea, das ist jetzt wirklich alles echt, da musst du jetzt durch!

Es war mittlerweile der 26.11.2020 und mir war zum ersten Mal vollkommen bewusst, wo ich mich befand und weshalb ich dort war. Für mich eine bedrückende Tatsache, doch eben eine Tatsache. Ebenso bewusst war mir, dass Valentina in zwei Tagen ihren 19. Geburtstag feiern würde und sie mich mit einer „Sondergenehmigung" nach 19 Tagen endlich besuchen durfte. Dieser wundervolle Gedanke, sie in die Arme schließen zu können, machte mir Mut. Ich war einen Hauch positiver gestimmt und fühlte mich ein ganz klein wenig wohler. Ich hatte ein Ziel vor Augen und dafür lohnte es sich zu kämpfen. Nach vorne schauen, hieß die Devise. Und zurück in mein altes Leben.

Diese Nacht hielten mich meine Gedanken noch lange auf Trab. Ich versuchte, das Ganze einzuordnen, schaffte es aber natürlich nicht. Es war vermutlich schon 4 Uhr morgens, als ich endlich eine Mütze Schlaf fand. Ich wurde erst wach, als mich eine Schwester sanft an der Schulter berührte: „Guten Morgen. Und, gut geschlafen, Frau Margreiter? Heute sind Sie ja ein bisschen spät dran, nicht wahr? Aber das macht nichts. Jetzt genießen Sie erst einmal Ihr Frühstück und dann werden wir uns an die Morgentoilette wagen." Sie stellte ein Tablett mit dem Frühstück auf meinen Nachttisch und meinte mit einem Zwinkern: „Danach sieht die Welt gleich viel besser aus." Total verschlafen öffnete ich den Mund und ließ mich von ihr füttern. Und tatsächlich kamen mit dem Frühstück meine Lebensgeister zurück. Ich dachte plötzlich an Valentina und daran, dass ich sie schon bald wiedersehen durfte. Doch dann kam mir auch der Gedanke, dass ich nicht wollte, dass sie mich sieht, wie ich so hilflos im Bett liege. Ich wollte nicht, dass sie mich mit dem Katheter sieht, das war mir peinlich. Abgesehen davon, wollte ich ihn sowieso schon lange loswerden. Nun hatte ich die Motivation und den Mut, es in Angriff zu nehmen. Der Gedanke gefiel mir: Raus mit dem Ding und endlich selbst aufs WC gehen! Selbst auf die Toilette gehen, davon hatte ich schon so oft geträumt. Das würde die Lebensqualität vermutlich um einen Grad erhöhen.

Ich klingelte einer Schwester und erklärte ihr etwas verhalten mein Vorhaben. Ich bat sie auch, zuvor noch nachzusehen, ob irgendein Fremdkörper in meinem Bett gelegen und ich womöglich darauf geschlafen hätte. Denn an meinem rechten Rippenbogen verspürte ich eine Stelle, die ziemlich schmerzte. Sie sah mich kurz an, hob mein Krankenhaushemd hoch und meinte. „Ach, das ist nur die Narbe von der Bülau-Drainage. Ich glaube, die Fäden können wir heute ziehen." Ich sah die Schwester verdutzt an und fragte: „Was bitte ist eine Bülau-Drainage?"

„Eine Thorax Drainage. Na ja, da die Lunge kollabiert war, mussten sie einen Schlauch zwischen den Rippen durchstoßen, damit sie die Flüssigkeit absaugen konnten und … " Bla, bla, bla, ich hörte schon nicht mehr zu. Zu viel Info! Einen Schlauch zwischen die Rippen?

Okay. Die Schwester zeigte mir die Stelle und ich sah ganz langsam an mir runter. Hallo, das war keine Narbe, das war ein zwei Zentimeter großes Loch! Das war gruselig. Mein Körper hatte offensichtlich ein paar Blessuren davongetragen. Narben, die für mich nun langsam sichtbar wurden. So wie die ganzen Einstiche an den Armen, an den Handrücken oder über der rechten Brust, wo die Infusionen und Maschinen und was weiß ich noch alles angeschlossen waren. Und von den unzähligen Blutergüssen, die ich fand, reden wir erst gar nicht.

Nun aber zurück zu meinem leidigen Thema Katheter, es stand außer Frage, der musste weg. Die nette Schwester meinte, sie müsse erst noch einmal Rücksprache mit der Ärztin halten, ob es auch in Ordnung ginge, und dann könnten wir sofort loslegen. Zum Glück erhielt ich das O.K. und mein Traum schien sich zu erfüllen – endlich wieder normal auf die Toilette gehen! Wahnsinn, oder? Ich dachte, das wäre keine Hexerei und der Katheter würde sofort im Bett entfernt. Aber falsch gedacht. Denn plötzlich stand eine zweite Schwester mit einem Rollstuhl vor meinem Bett und meinte motiviert: „Legen wir los?

Selber gehen oder doch lieber fahren?" Gehen? Das meinte die ja wohl nicht ernst. Das war sicher noch zu früh. Ich dachte angestrengt darüber nach, ob ich das jetzt schon wagen könnte. Das Bad war schätzungsweise drei Meter von meinem Bett entfernt, nun ja, das könnte eventuell klappen. Könnte! Aber wie? Ich wusste, irgendwann würden sie mich so oder so aus dem Bett jagen, um meinen Kreislauf wieder in Schwung zu bringen. Das war unausweichlich.

Aber musste das jetzt schon sein? Ich dachte über meine Optionen nach und kam zu dem Entschluss, dass das Rauszögern nichts bringt. Hilft nichts, Augen zu und durch.

Also sagte ich kleinlaut: „Gehen?" Die Schwester sah fast so aus, als ob sie applaudieren wollte und meinte fröhlich: „Super. Ich hab's gewusst, Sie sind eine Kämpferin. Schwester Katharina ist schon da, um uns zu helfen, dann kriegen wir das schon hin." Und dann ging es los. Zu zweit zogen sie mich vorsichtig hoch, bis ich im Bett saß, dann kamen die Füße nach draußen, dann sollte ich mit meinem Hintern ganz nach vorne rutschen und schließlich langsam über die Bettkante, bis meine Füße den Boden berühren konnten. Es war aufregend. Ich muss gestehen, dass ich ziemlich nervös war. Ach Quatsch, ich hatte Angst. Und dann kam der harte Teil der Übung: aufstehen! Das hieß, selbst auf meinen Beinen stehen, ganz langsam und … geschafft! Aber jetzt mal ganz ehrlich, ich hatte nicht wirklich das Gefühl, dass das meine Beine waren. Nur nichts anmerken lassen, Andrea, da musst du jetzt durch. Wackelig, aber mit dem Willen, es durchzuziehen, startete ich, links und rechts gestützt von einer Schwester, mit meinem ersten Schritt. Shit – was war das? Gehörten die Beine überhaupt noch mir? Wow, fühlte sich das komisch an. Als ob mein ganzer Körper aus Kautschuk bestünde. Ich hatte absolut keine Kraft. Meine Beine konnten mich kaum tragen.

Ich wackelte hin und her, als ob ich an Gleichgewichtsstörungen leiden würde oder eine Gehbehinderung hätte. Ihr könnt euch kaum vorstellen, wie sich das anfühlt. Etwas, das immer so selbstverständlich war, war nun Schwerstarbeit. Mein linkes Bein verhielt sich, als ob es ausbrechen wollte und mein rechtes Bein knickte ständig ein. Und die größte Schwierigkeit war, dass ich auch mentale Kraft benötigte, um die Füße zu steuern. Ich brauchte volle Konzentration, um einen Fuß vor den anderen setzen zu können. Krampfhaft fixierte ich mein Ziel und hatte nur einen Gedanken: Gib nicht auf!

Mir war schlecht vor Anstrengung, ich hatte das Gefühl, mich übergeben zu müssen oder gleich in Ohnmacht zu fallen. Doch irgendwie schaffte ich es tatsächlich bis ins Bad. Ich spürte, wie meine Beine zu versagen drohten, wusste aber auch, dass ich noch ganz kurz stehen bleiben musste, damit die Schwester den Katheter entfernen konnte. Autsch, das tat weh, aber ... geschafft. Ich war ihn endlich los und konnte mich zum ersten Mal wieder auf eine Toilette setzen. Ich sage es, wie es ist, ich war absolut selig. Es war schmerzhaft, aber auch unglaublich befreiend. Und für mich so wichtig, damit ich endlich dieses beschämende Gefühl loswurde.

Die netten Schwestern ließen mir ein paar Minuten Zeit, um wieder etwas Kraft zu sammeln und meinten dann, wenn ich schon mal im Bad wäre, könnte ich vielleicht sogar versuchen, meine Morgentoilette selbst zu machen. Ja sicher! Null Problemo!

Das hieß dann aufstehen, zum Waschbecken gehen, Gesicht waschen, Zähne putzen, Hände waschen usw. Überhaupt kein Problem, das schaffe ich locker. Scherz, oder? Natürlich war ihnen bewusst, dass ich es kräftetechnisch nicht lange durchhalten würde, darum stellte eine der beiden einen Hocker bereit, damit ich mich beim Waschbecken sofort hinsetzen konnte. Ich versuchte, mich mit Hilfe des Haltegriffes an der Wand von der Toilette hochzuziehen und ... geschafft! Yes! Es war beinhart, aber ich war so stolz auf mich. Ich kam alleine hoch.

Dann halfen mir die Mädels zum Waschbecken und ich bekam den Schock meines Lebens. Ich sah mich zum ersten Mal im Spiegel. Sch... schade, dass ihr das nicht gesehen habt.

Nein im Ernst, wer war das? Wer war das da im Spiegel? Mein Gesicht sah so fremd aus, die eine Hälfte meiner Haare war wegrasiert, die andere Hälfte stand in alle Himmelsrichtungen und an der rechten Seite meines Kopfes sah ich die 15 cm lange Narbe, die nur durch ein Klebeband verdeckt war. Das nenne ich mal in der Realität ankommen. Ich wusste nicht, ob ich schreien, lachen oder weinen sollte. Alles, was ich bis dato von Manfreds Erzählungen wusste, erhielt nun ein Bild. Ich sah die Narbe, ich sah, wo sie meinen Kopf hatten öffnen müssen, sah mein blasses, eingefallenes Gesicht und erkannte mich selbst fast nicht wieder. Ich sah eine fremde Frau. Ich sah den Schock und die Angst in meinen Augen. Es war wirklich alles echt, kein böser Traum, es war real.

Ich versuchte, dieses Bild von mir zu verarbeiten. Meine Gedanken überschlugen sich wieder einmal und ich bekam weiche Knie. Vermutlich wäre ich am Boden gelandet, wenn die Schwestern nicht so blitzschnell reagiert hätten und mich auf den Hocker gezogen hätten.

Nun saß ich also da, wie ein Häufchen Elend. Ich begann erst einmal vorsichtig meine Hände zu waschen. Es fühlte sich unwirklich an. Meine Hände zu spüren, meine Haut, meinen Körper, mich. Mir war zum Heulen zumute. Am liebsten hätte ich laut geschrien. Setzte aber ein Lächeln auf und sagte zu einer der Schwestern: „Na dann wollen wir mal." Ich wollte mir nichts anmerken lassen, denn ich dachte, wenn ich das gut mache, darf ich nach Hause. Und das war mein größtes Ziel.

Eigentlich wollte ich davonlaufen, weg von dem ganzen Wahnsinn, weg von der Realität. Mir war das zu groß, zu überwältigend, zu beängstigend. Ich dachte nur: Wo ist der Notausgang, wo kann ich hier raus?

Ich bemühte mich, so selbstständig wie möglich zu agieren, bemerkte aber zum ersten Mal bewusst, wie stark meine linke Körperhälfte doch beeinträchtigt war. Jede Bewegung, jeder Handgriff war schwach, unkontrolliert, langsam und kostete mich eine Unmenge an Energie. Alleine schon, die Hände zum Waschbecken hochzuheben, war eine Herausforderung. Man möchte nicht meinen, wie anstrengend so etwas ist. Und die linke Hand mit der rechten zu verbinden, war, als ob sich zwei Fremde versuchten, die Hand zu reichen. Auch die Zahnbürste in die Hand zu nehmen oder Zahnpasta darauf zu platzieren, war eine immense Aufgabe. Und die Zähne zu putzen, alter Schwede, das war keine Glanzleistung. Versucht einmal, mit einer Hand, die nicht euch gehört, kleine kreisende Bewegungen zu machen.

Challenge! Feinmotorik außer Kraft. Trotzdem schaffte ich es irgendwie, meine Katzenwäsche zu beenden. Und mit Unterstützung der beiden Schwestern gelangte ich sogar wieder zurück ins Bett. Selber gelaufen, nicht mit dem Rollstuhl gefahren!

Als ich schließlich im Bett lag, zitterten meine Beine vor Anstrengung. Total erledigt starrte ich an die Decke und begann zu weinen. Ich war so stolz, dass ich es geschafft hatte, musste mir aber auch eingestehen, dass mein Körper mehr abbekommen hatte, als ich gedacht hatte. Die hohe Dosis der Medikamente hatte am Anfang vermutlich so einiges vertuscht.

Und in meiner Traumwelt hatte ich die ersten Tage nicht viel davon mitbekommen. Nun kam die Wahrheit aber langsam ans Licht. Die Narben wurden sichtbar. Körperliche wie mentale. Mir wurde schmerzlich bewusst, dass das, was mit mir passiert war, definitiv keine Kleinigkeit war. Doch wie sagte Manfred immer: „Weast segn, des weat scho wieder."[4]

Und mit dem positiven Gedanken, dass bald wieder alles gut wird, schloss ich meine Augen und machte ein Nickerchen, um etwas Kraft zu tanken.

Bis mich eine Schwester aus meinem Schlaf holte: „Frau Margreiter, ich hätte jetzt ein wenig Zeit für Sie und dachte mir, ich könnte Ihnen vielleicht helfen, die Haare zu machen. Wäre das in Ordnung?" Was für eine schöne Idee, natürlich fand ich das o.k. Ich wollte doch gut aussehen für Manfred und Valentina. „Gut aussehen." Scherz, oder? Frisurentechnisch sah ich aus wie Albert Einstein in seiner besten Zeit und auch sonst machte ich optisch einen ziemlich ramponierten Eindruck. Aber, ich muss gestehen, die Haarpflege der netten Schwester machte so einiges wett.

Geduldig, um nicht zu sagen liebevoll, kämmte sie Strähne für Strähne und schenkte mir mit einem freundlichen Gespräch nebenbei ein klein wenig Normalität. Dieser körperliche Kontakt, der so anders war als die Wascherei die Tage zuvor, tat mir gut. Ich brauchte dringend diesen positiven Zuspruch, denn ich fühlte mich sehr verletzlich, sensibel und dünnhäutig. Wie ein kleines Kind, das vollkommen eingeschüchtert in einer Ecke hockt und nicht weiß, was mit ihm passiert. Besser kann ich es nicht beschreiben. Ich fühlte mich wirklich wie ein kleines Kind, eingeschüchtert und verängstigt – so gar nicht wie eine erwachsene Frau. Das Erlebte machte mir sehr zu schaffen. Aber der Schwester gelang es tatsächlich, dass ich mich danach etwas besser fühlte. Und als dann Manfred am Nachmittag wieder zu Besuch kam und mich lächelnd mit einem „Wow, du siehst heute schon wieder viel besser aus!" begrüßte, war die Welt schon fast in Ordnung. Meine Lebensenergie kam langsam zurück. Ich unterhielt mich angeregt mit Manfred und begann sogar, für den nächsten Tag Pläne zu schmieden.

Bis dato hatte ich noch keine private Kleidung in der Klinik. Das hieß, ich war die ganze Zeit mit diesen luftigen Krankenhaushemden unterwegs. Na ja, „un-

---

4 Wirst sehen, das wird schon wieder.

terwegs" ist leicht übertrieben, denn recht weit weg kam ich ja noch nicht. Jedenfalls musste sich das ändern, ich wollte ein wenig Kleidung und einige private Dinge, um etwas Vertrautes um mich zu haben und mich wohler zu fühlen – oder das Gefühl zu haben, mein Leben wieder selbst in die Hand nehmen zu können und nicht so ausgeliefert zu sein. Ich versuchte also mir vorzustellen, was ich in der Klinik oder in der Reha, die ich schon am 3.12. antreten durfte, benötigen würde. Es war anstrengend, darüber nachzudenken. Ich versuchte mir ein Bild davon zu machen und Manfred zu erklären, was er mir von zu Hause mitbringen solle, doch er meinte darauf nur locker: „Schreib einfach eine Liste und schick sie an Valentina, die weiß bestimmt, wo die Sachen zu finden sind. Ich kenn' mich in deinem Kleiderschrank sowieso nicht aus." Da war schon etwas Wahres dran.

So verschob ich meine „Will-haben-Liste" auf später und genoss die kurze Zeit, die ich mit Manfred hatte. Erst nachdem er gegangen war, bat ich eine Schwester um einen Stift und ein Blatt Papier. Und schon kam die nächste Herausforderung: Stift halten und schreiben. Das hätte mich fast überfordert. Ich betrachtete den Stift in meiner Hand und wusste nicht mehr, wie es geht.

Da kam kurz Panik auf. Das konnte doch nicht weg sein! „Andrea, konzentriere dich, du schaffst das!", feuerte ich mich selbst an. Mit zusammengekniffenen Augen umschloss ich den Stift noch fester und führte ihn so gut ich konnte über das Papier. Zuerst unbeholfen, aber irgendwie dann doch automatisch. Gott sei Dank, ich konnte noch schreiben. Ziemlich krakelig, aber o.k. Nur sahen die Wörter für mich falsch aus. Obwohl ich sie richtig geschrieben hatte. Es fühlte sich nicht richtig an. Eigenartig.

Als ich nach einer kleinen Ewigkeit meine Liste fertig hatte, fotografierte ich sie und schickte sie über WhatsApp an Valentina. Stellt euch vor, das Foto kam sogar bei ihr an. Nur hatten sich in meiner Textnachricht einige Fehler eingeschlichen. Vielleicht sollte ich zu meiner Verteidigung erwähnen, dass ich zu der Zeit noch keine Lesebrille hatte. Und trotzdem wusste mein Mädel genau, was Mutti wollte. Brav wie sie ist, versicherte sie mir, am nächsten Tag alles mitzunehmen und verabschiedete sich mit den Worten:

„Du weißt gar nicht, wie sehr ich mich auf morgen freue. Das ist mein schönstes Geburtstagsgeschenk, für alle Zeiten. Ich liebe dich so sehr, Mama!"

Ich antwortete berührt: *„Ich dich auch!!!"* Mit einer Flut an zauberhaften Emojis, Herzen und Bildern von Mamas, die ihre Töchter knuddeln, beendeten wir schließlich unsere Nachrichtenflut und ich schlief erschöpft, aber glücklich ein.

Der Tag deiner Geburt
Nun bist du da.
Du bist hier und du bist ein Teil von mir.
Du liegst in meinen Armen
und die Zeit scheint still zu stehen.
Ich hab noch nie in meinem Leben
etwas Schöneres gesehen.
Du bist so zart und so furchtbar klein.
Du duftest nach Liebe und nach Glück.
Nichts könnte je perfekter sein,
als dieser eine Augenblick.
Ich streichle deine Wangen,
betrachte dein Gesicht,
kann die Tränen kaum noch halten,
du bist mein Leben, meine Liebe und mein Licht.

© Andrea Margreiter

***

Der 28.11. war also der aufregende Tag „Manfred kommt mit Valentina". Ich glaube, ich war schon um 5:00 Uhr morgens wach. Der Gedanke, Valentina endlich wiederzusehen, machte mich ganz hibbelig. Den Vormittag musste ich aber leider noch ohne sie durchstehen. Um ca. 6:00 Uhr morgens verabschiedete sich die Nachtschwester und übergab das Zepter der Tagesschwester, die dann mit der Routinekontrolle startete. Das hieß: Leitungen kontrollieren, neue Infusionen anschließen, Verbände wechseln, Blutdruck messen, Fieber messen, Tagesration an Tabletten dalassen usw. Kurz darauf kam schon das Frühstück und das durfte ich zum ersten Mal alleine genießen. Ja, alleine! Ich hatte eine Tasse schwarzen Kaffee und eine kleine Scheibe Schwarzbrot mit Marmelade. Das Brot war schon bestrichen und in kleine Stücke geschnitten. Vorsichtig nahm ich mir ein Häppchen nach dem anderen vom Teller und genoss es, dabei nicht beobachtet zu werden. Natürlich war ich ziemlich wackelig unterwegs, aber ich schaffte es, ohne mich zu bekleckern oder zu verschlucken!

Danach kam erneut eine Schwester und fragte: „Na, wie sieht's aus, legen wir los? Starten wir mit der Morgentoilette?" Eigentlich wollte ich verneinen, da ich von der Aktion am Tag zuvor noch ziemlichen Respekt hatte, ließ mir aber nichts anmerken und meinte: „Ja, logisch." Sie half mir langsam aus dem Bett, legte ihren rechten Arm um meine Taille und hielt mich mit der linken Hand am Ellenbogen fest. So stützte und führte sie mich gleichermaßen. Mit weichen Knien, aber definitiv ein klein wenig stärker als am Tag zuvor, schaffte ich es dann wieder bis ins Bad. Mit Hilfe von nur *einer* Schwester. Das war ein riesiger Fortschritt. Ich gestehe, ich war schon ziemlich stolz darauf. Als mich die nette Schwester dann jedoch fragte „Und wie sieht's aus, gehen wir heute duschen? Ich glaube, das würde Ihnen sehr guttun", wurde ich nervös. Ob das eine gute Idee war? Sie sah mir meine Skepsis wohl an, darum meinte sie beschwichtigend: „Keine Angst, ich stelle einen Hocker in die Dusche, dann können Sie sich hinsetzen und ich bleibe natürlich die ganze Zeit bei Ihnen." Das klang schon besser. Obwohl ich mächtig Respekt davor hatte, sagte ich: „Ja, versuchen wir es."

Es war anstrengend, mich auszuziehen und in die Dusche zu klettern. Unbeholfen platzierte ich mich auf den Hocker und wurde dabei mit Argusaugen beobachtet. Natürlich wollte sie nur behilflich sein und mir beiseitestehen. Das war super nett, aber ich fühlte mich dann doch etwas unwohl dabei. So nackt! Ich dachte erst, es kann ja wohl nicht so schwer sein, sich selbst zu waschen. Ich meine, das hast du ja wohl schon öfter gemacht. Eigentlich schon, ja. Aber das war nun eine andere Aufgabe. Alleine schon, den Duschkopf zu halten und zu versuchen, das Wasser über meinen Körper laufen zu lassen und nicht nur über die Glaswand der Duschkabine, war eine Herausforderung. Oder mich einzuseifen. Mach das mal, wenn du den Körper nicht unter Kontrolle hast! Es fühlte sich eigenartig an, als ob ich jemand anderen berühren würde, oder mich jemand anderes berührt. Das war wie in einem schlechten Horrorfilm. Ich konnte meine Haut nicht richtig fühlen. Auf der rechten Seite war es o.k., das Wasser zu spüren, doch die linke Seite tat mir weh. Meine Haut schmerzte. Mein Körpergefühl oder meine Wahrnehmung waren sichtlich gestört. Meine Hände fühlten sich wirklich an, als ob sie nicht zusammengehörten und auch mein Körper war nicht der meine. Und trotzdem war es das Wohltuendste für mich seit langem – als ob das warme Wasser einen Teil des Erlebten abwaschen könnte.

Frisch geduscht, in einem neuen Nachthemd und mit einem stolzen Lächeln im Gesicht, ging es dann mit Hilfe der Schwester wieder zurück ins Bett. Ich spürte, dass es einen Hauch besser ging als am Tag zuvor und das machte mir Mut. Das und natürlich die Tatsache, dass ich Valentina endlich wiedersehen würde.

Zu Mittag hatte ich kaum Zeit, um zu essen. Ich lag im Bett, rutschte nervös hin und her und sah ständig zur Tür. Um 13:30 Uhr war es dann so weit. Mein kleines Mädchen kam. Ich dachte, mein Herz würde zerspringen vor Glück. Meine zwei wichtigsten und liebsten Menschen traten durch die Tür. Tränen flossen über meine Wagen. Vor Glück, vor Dankbarkeit, vor Angst – ich weiß es nicht. Es war eine Mischung aus allem. Ich wusste kaum, wie ich mich verhalten sollte und Valentina erging es ebenso. Sie wusste nicht, wie sie mit der Situation umgehen sollte und zögerte kurz. Sie dachte, sie würde mich verletzen, wenn sie mich umarmt. Doch dann kam sie auf mich zu, schloss mich in ihre Arme und flüsterte: „Mama." Mehr brauchte es nicht. Ich konnte Valentina spüren, ihre ganze Energie, ihre Liebe zu mir, ihre Dankbarkeit. Das war so schön und tat so weh. Es tat mir so unsäglich leid, dass sie und Manfred meinetwegen eine so schlimme Zeit durchleben mussten.

Valentinas Umarmung war zaghaft und stark zugleich. Ich glaube, ich wurde noch nie in meinem Leben so innig umarmt. Eigentlich wollten wir einander nicht mehr loslassen. Ihre Umarmung bedeutete mir so viel. Manfred und Valentina an meiner Seite zu wissen, gab mir Kraft. Das Gefühl, nicht allein zu sein, war wie ein Power Boost. So nach dem Motto: Jetzt erst recht.

Die beiden hatten natürlich einiges zu erzählen. Ehrlich gesagt war es eher Valentina, die kaum noch zu stoppen war. Sie sprühte nur so vor positiver Energie, erzählte von Gott und der Welt, der Schule, ihren Freunden, einer aufregenden Bekanntschaft und so weiter und so fort. Sie überreichte mir voller Stolz einen selbstgebackenen Kuchen und hatte extra noch eine Mandarine mitgebracht, damit ich auch etwas Gesundes zu essen bekomme. Sie schälte die Mandarine sorgfältig und legte mir kleine, mundgerechte Stücke in die Hand – und wurde dann bei jedem Bissen äußerst kritisch von beiden beobachtet. Sie starrten die ganze Zeit auf meinen Mund. Und als ich etwas sagen wollte, hob Manfred sofort mit einem „Psst!"den Zeigefinger und schimpfte: „Hast du auch wirklich runtergeschluckt? Du weißt, was die Schwester gesagt hat! Nicht reden!" Er war so bedacht darauf, dass ich mich nicht verschlucke – vermutlich, weil er die Tage zuvor dabei gewesen war, als die Schwester mit mir das Essen geübt hatte. Also aß ich artig meine Mandarine fertig, wartete kurz und erzählte dann ziemlich stolz, was ich an diesem Morgen alles geleistet hatte. Valentina quietschte: „Nein, nicht im Ernst, Mama? Du bist gestern selbst gelaufen und hast heute schon alleine geduscht?" Ich nickte nur cool, obwohl ihre Worte Balsam für meine Seele waren und machte: „Mhm."

„Mama, ich bin so unglaublich stolz auf dich. Du bist so eine Kämpferin!"

Ständig wiederholten Manfred und Valentina, wie unglaublich sie es fänden, dass ich in so kurzer Zeit solche Fortschritte gemacht hatte. Allein schon, dass wir uns normal unterhalten konnten, dass ich wusste, wer sie waren, oder wusste, wovon sie sprachen. Dass ich mich erinnern konnte, an sie, an uns, an unser Leben. An mein Leben. Das hätte alles weg sein können.

Wir plauderten, wir lachten, wir weinten und ich spürte immer mehr diese tiefe Dankbarkeit, noch am Leben zu sein. Als die beiden nach gerade einmal einer Stunde schon wieder gehen mussten, konnten wir uns kaum voneinander trennen. Sie zu sehen und sogar zu spüren, tat mir so gut. Es fühlte sich vertraut an und beruhigte mich. Bei ihnen fühlte ich mich geborgen und sicher – und das gab mir die Kraft zu kämpfen. Das und der Satz: „Tschüss, bis zum nächsten Mal. Ich hab dich so lieb." Ja, bis zum nächsten Mal, wir werden uns wieder sehen, ich komme bald wieder nach Hause, das weiß ich jetzt.

Das Treffen hatte mich tief berührt. Meine Liebe zu den beiden durchflutete mich intensiv. Ich weiß das klingt kitschig, aber es ist so. Mir tat mein Herz weh vor Liebe, vor Dankbarkeit. Ich glaube, in meinem ganzen Leben habe ich noch nie so tief empfunden.

Später am Abend versuchte ich, Valentina eine Nachricht über WhatsApp zu schreiben. Ich wollte ihr gerne erklären, wie viel mir unser Wiedersehen bedeutet hatte. Ich suchte nach den richtigen Worten, sichtlich geschwächt und hoch emotional entstand der Satz:

„Licht und Liebe meines Lebens, ihr seid meine Welt."

Von Valentina kam sofort eine Antwort:
„Du hast keine Ahnung, wie viel du mir bedeutest. DU bist mein tollstes Geburtstagsgeschenk. Love you to the moon, mummy!"

„Love you too, my sunshine!!!!!!!!!"

***

Geschwächt von all den Eindrücken des Tages, aber überglücklich, schlief ich schließlich ein und wurde erst wieder wach, als am nächsten Morgen eine Schwester mit dem Blutdruckmesser anrückte. Leicht verschlafen ließ ich die ganze Prozedur von Blutdruckmessen bis hin zum Blutabnehmen über mich ergehen und freute mich insgeheim auf mein Frühstück. Vorher ging es aber mit einer anderen Schwester ins Bad zur Morgentoilette. Sie meinte, sie habe jetzt noch kurz Zeit, darum sollten wir die Chance nutzen. Gesagt, getan. Sie half mir aus dem Bett und ging mit mir ganz langsam zum Bad.

Und wieder ging es einen Hauch besser als am Tag zuvor. Meine Koordination war nicht die beste, aber die Kraft schien wirklich zurückzukommen. Wenn auch in winzigen Schritten. Die Tatsache, wieder auf meinen eigenen Beinen stehen zu können, und am Leben Teil zu haben, machte mir weiter Mut. Solchen Mut, dass ich, als ich das nächste Mal auf die Toilette musste, entgegen allen Ermahnungen sogar alleine aufstand und ins Bad ging. Ich wollte plötzlich nicht mehr auf Hilfe angewiesen sein, ich wollte es alleine schaffen, denn ich wusste, je schneller ich Kraft aufbauen konnte, desto schneller war ich gesund. Na ja, gesund ist vielleicht das falsche Wort, ich war ja nicht krank. Ich wusste, wenn ich nach Hause wollte, musste ich stärker und vor allem selbstständiger werden. Also startete ich alleine los. Ich fixierte die Punkte, an denen ich mich festhalten konnte und hangelte mich so ins Badezimmer. Im Schneckentempo wohlgemerkt und es war verdammt anstrengend, aber ich habe es geschafft. Zum Glück. Und mit einer extra Portion an Stolz und Selbstbewusstsein gelangte ich auch alleine wieder zurück in mein Bett – ohne Hilfe und vor allem ohne Unfall. War vielleicht nicht die beste Idee, aber es ist ja Gott sei Dank alles gut gegangen, nichts passiert und keine Schwester hat mich erwischt.

***

Die Tage danach vergingen wie im Fluge. Ich hatte ständig irgendwelche Untersuchungen. Mindestens einmal am Tag wurde ich abgeholt und mit dem Rollstuhl zu einer Kontrolle chauffiert. Mal war es eine Messung der Gehirnströme, mal ein CT, mal ein MRT, einmal sogar ein recht interessanter Psycho-Test (den ich zum Glück mit Bravour meisterte) und täglich ein Ultraschall meines

Kopfes. Die ständigen Übungen mit den Physiotherapeuten und der Ergotherapeutin kamen auch noch dazu. Es war anstrengend, ich merkte, dass meine Konzentration nie lange anhielt. Ich brauchte zwischendurch immer wieder eine Pause. Manchmal fühlte es sich an, als ob sich mein Kopf ausschalten würde: Genug Input – ich gehe auf Stand-by. Mir tat der Kopf weh, aber auf eine andere Art und Weise. Es war so, als ob zu viele Informationen ins Gehirn gelangen würden. Ich kann es nicht besser erklären als mit „System overloaded"! Manchmal fühlte ich mich zu schwach zum Denken und dieses Gefühl der Schwäche war mir neu. Aber ich lernte, damit umzugehen. Zumindest versuchte ich es, indem ich mir eine Pause nahm, wann immer es sein musste, und machte dann wieder weiter. Und siehe da, es wurde besser. Ich schaffte es immer länger, wach zu bleiben, zu sitzen, zu stehen oder Gespräche zu führen. Und auch die Übungen mit den Physiotherapeuten und der Ergotherapeutin fielen mir zusehends leichter. Mit jeder Übung, die ich schaffte, gewann ich ein wenig an Selbstvertrauen zurück.

Na ja, ich gestehe, beim ersten Versuch der Physiotherapeuten, mit mir einen kleinen Spaziergang in den Flur zu machen, mussten wir leider schon an der Zimmertür wieder umdrehen, da ich Angst bekam und mein Kreislauf versagte. Das war mir dann doch eine Nummer zu groß. In den Flur gehen hieß hinausgehen – in die Welt. Raus aus meiner Sicherheitszone, hinaus in einen großen Flur, ohne meine Eckpfeiler zum Festhalten. Sozusagen ohne mein Sicherheitsnetz, sorry das ging nicht.

Aber am nächsten Tag konnte ich mich überwinden, vertraute darauf, dass die Therapeuten mich festhalten würden und schaffte so ein paar Schritte vom Zimmer hinaus und wieder zurück. Ein Meilenstein für mich. Als ich Tage darauf das erste Mal gemeinsam mit Manfred einige Schritte laufen konnte, fühlte ich mich wie ein wahrer Sieger. Eingehakt am Arm meines Mannes und glücklich lächelnd wie ein Schulmädchen, ging ich ca. fünf Meter bis zu einem Aufenthaltsraum, setzte mich mit Manfred auf eine Bank, dort genossen wir einen Tee und gingen schließlich wieder zurück. Das war wie ein erstes Date. Es fühlte sich an wie eine emotionale Achterbahn verpackt in einem Marathon. Anstrengend, aber ich kämpfte mich durch. Jeden Tag ein kleines Stück weiter. Step by step.

Kapitel 8

Schritt für Schritt

*Schritt für Schritt
mehr kann ich nicht
zwei vor, einer zurück
Schritt für Schritt
Schatten und Licht
Hoffnung und Ängste
jeden Augenblick
Seh´ nach vorn´
darf den Mut nicht verlieren
Schritt für Schritt
kann die Schmerzen spüren
muss weiter, immer weiter
Schritt für Schritt
bleib nicht stehen
will mein Leben zurück.*

© Andrea Margreiter

Bis zum 3.12. war ich in der Klinik in Innsbruck, dann wurde ich mit einem Rettungswagen zur Reha ins Landeskrankenhaus nach Hochzirl gebracht. Dort studierten die Ärzte erst einmal meine Krankenakte mit einem leichten Kopfschütteln und machten dann einige Tests mit mir. Ich wurde von Kopf bis Fuß untersucht, um zu sehen, wie es wirklich um mich bestellt war. Und anscheinend war ich für alle eine positive Überraschung, denn es wurde einige Male erwähnt, wie außergewöhnlich es sei, dass es mir nur elf Tage nach dem Koma „so gut" ginge. Es sei erstaunlich, wie mobil und selbstständig ich bereits sei und auch, dass ich alle Fragen so gut beantworten könne, dass ich „klar im Kopf" sei. Ich fühlte mich geschmeichelt, empfand mich selbst aber doch noch ziemlich ramponiert und weit entfernt von fit – bis ein Pfleger mit mir eine kleine Führung durch das Haus machte. Er schob mich in einem Rollstuhl einen Flur entlang, am Speisesaal vorbei bis hin zu dem kleinen 2-Bett- Zimmer, in dem ich später untergebracht wurde. Den ganzen Weg entlang sah ich nur Menschen mit Handicaps. Menschen jeder Altersgruppe, die nicht mehr laufen, nicht selbständig essen und teilweise nicht sprechen konnten. Es war bedrückend. Ein blutjunger Mann saß im Rollstuhl, wurde künstlich ernährt, konnte nicht mehr sprechen und wie ich später erfuhr, erkannte er seine Familie nicht mehr. Der Schock war tief. Das Schicksal all dieser Menschen berührte mich. Es machte mich demütig und hielt mir vor Augen, welches Glück ich gehabt hatte – ich konnte es nicht fassen. Warum ich? Warum hatte gerade ich solch ein Glück? Es fühlte sich immer noch so unwirklich und beängstigend an. Ich hatte ein schlechtes Gewissen, fühlte mich unwohl und fehl am Platz. Eigentlich wollte ich einfach nur nach Hause, sehnte mich nach meiner vertrauten Umgebung. Ich sag es, wie es ist: Ich hatte die Hosen voll und fühlte mich wie im falschen Film. Naiverweise dachte ich, wenn ich nach Hause käme, wäre alles wieder in Ordnung. Dann wäre der Albtraum vorbei und alles wäre wieder ganz „normal". Doch falsch gedacht.

So stand ich also, nachdem der Pfleger mich in meinem neuen Zimmer abgesetzt hatte, ziemlich emotional und leicht wackelig neben dem Bett und packte meine Tasche aus. Nachdenklich betrachtete ich die Kleidung, die ich Stück für Stück aus der Tasche zog und erst einmal auf dem Bett platzierte. Mir gingen so unglaublich viele Fragen durch den Kopf: Wie bist du nur hier gelandet, ist das wirklich alles passiert, wird das jemals wieder gut, kriegst du das irgendwie wieder hin, warum fühle ich mich so traurig ... Plötzlich hielt ich Valentinas Kuscheltier in der Hand. Ein süßes, kleines Äffchen mit dem Namen „Freund", das sie seit ihrem fünften Lebensmonat besitzt. Sie hatte es mir mitgegeben, damit er auf mich aufpasst und ich ihre Nähe spüren konnte. Sie meinte: „Mama, er hat mich all die Jahre beschützt, ich glaube, du brauchst ihn jetzt noch dringender als ich." Ich sah das kleine Äffchen an und begann zu weinen. Ich wollte nicht hier sein, musste aber. Ich schüttelte den Kopf, als ob ich die Gedanken von mir abschütteln wollte, atmete tief durch, schnappte mir die Kleidungsstücke und begann sie langsam in den Schrank zu ordnen. Dann verstaute ich meine persönlichen Sachen wie Handy und ein Buch usw. im Nachttisch und setzte mich schließlich mit schlotternden Knien auf das Bett. Ich merkte, wie wenig Kraft ich doch hatte und das machte mir Angst. Ich schnappte noch einmal Valentinas Kuscheltier, küsste es und drapierte es auf mein Kopfkissen. Zum Schluss legte ich noch meinen fein säuberlich gefalteten Pyjama aufs Bett und betrachtete das ganze Szenario mit Skepsis. Ich fühlte mich nicht nur fehl am Platz, sondern wie im falschen Körper – oder gar nicht in meinem Körper. Ich weiß nicht, wie ich es besser beschreiben könnte.

Es war, ganz kurz, ein Gefühl, als ob mein Körper auf dem Bett sitzen würde und versuchte, mit Kleinigkeiten Normalität ins Zimmer zu zaubern, während mein Geist dabei zusah und fragte: Was machst du hier eigentlich? Als ob ich aus zwei Teilen bestünde. Ich war nicht ich.

Später erfuhr ich, dass es dafür sogar eine medizinische Bezeichnung gibt: Depersonalisation.

Bei dem Versuch, dem Raum und der Situation etwas Schönes abzugewinnen, dachte ich: Du musst das jetzt positiv sehen, hier geht es dir gut, hier wird dir geholfen, du wirst wieder fit und bald bist du wieder ganz die Alte und alles fühlt sich wieder normal an. Und das Wichtigste: Bald bist du zu Hause. Also tief durchatmen, noch schnell die Toilettentasche ins Bad und dann geht es schon zum Abendessen. Zum Essen ging ich, artig am Handlauf entlang, die paar Meter zum Speisesaal. Alleine! Als ich eintrat, wurde ich von einer Dame skeptisch in Augenschein genommen. So nach dem Motto: „Wer ist die Neue und wieso ist die hier?"

Mein Blick schweifte kurz durch den Raum und ich war mir nicht ganz sicher, wer mich wirklich wahrnahm. Also nickte ich einfach freundlich in die Runde und grüßte alle. Ich setzte mich an einen Tisch und wartete auf mein Essen. Eigentlich hatte ich gar keinen Hunger, denn ich fühlte mich so richtig unwohl. Also ging ich nach einer Tasse Tee und fünf Löffeln Suppe schon wieder zurück in mein Zimmer und lernte dort meine neue Zimmerkollegin Uschi kennen. Es war eine nette ältere Dame, die sich nach einem leichten Schlaganfall erholte. Trotz einiger harter Schicksalsschläge war sie eine äußerst lebenslustige Frau. Wir tauschten uns aus, erzählten uns unsere Geschichten und fühlten uns dadurch sofort verbunden. Es war spannend und motivierend, ihr zuzuhören. Und es tat mir gut, nicht allein in dem Zimmer zu sein. Wir unterhielten uns so angeregt, dass die Zeit wie im Flug verging. Als dann plötzlich ein Pfleger im Raum stand und uns die Thrombosespritze geben wollte, wussten wir, dass Schlafenszeit war. Obwohl ich erledigt war von den vielen Eindrücken, konnte ich diese Nacht nicht schlafen. Ich war unruhig, ängstlich und unsicher. Meine Psyche machte mir Probleme.

Am nächsten Morgen fühlte ich mich total gerädert. Als ich aufzustehen versuchte, bemerkte ich, dass mir die Kraft fehlte und mir schwindelig war. Ich musste aber dringend auf die Toilette, also quälte ich mich aus dem Bett und hangelte mich zum Bad. Als ich dann im Badezimmer stand, wurde es noch schlimmer. Ich schaffte es gerade noch, auf die Toilette zu gehen, dann wurde mir schwarz vor Augen und ich wurde ohnmächtig. Ich fand mich am Boden wieder und versuchte, hochzukommen, schaffte es aber nicht. Zack, wieder Licht aus. Das Nächste, an das ich mich erinnern kann, ist, dass mir eine Schwester und ein Pfleger vom Boden hochhalfen. Sie brachten mich behutsam ins Bett zurück und checkten erst einmal meine Werte. Es stellte sich recht schnell heraus, dass ein Medikament zu hoch dosiert war und mein Blutdruck dadurch komplett in den Keller gerauscht war. Also nichts Schlimmes. Zum Glück hatte ich mich, als ich ohnmächtig geworden war, nicht verletzt. Nicht auszudenken, wenn ich mit meinem Kopf irgendwo gegengeknallt wäre. Nein, alles gut gegangen, nun gab es eben Frühstück im Bett und dazu einen halben Liter Infusion.

Als sich mein Blutdruck dann wieder ein wenig normalisiert hatte, wurde ich von einem Physiotherapeuten abgeholt und in einen Trainingsraum gebracht. Dort machte er einige Tests und ein paar leichte Übungen mit mir, um herauszufinden, wo meine Schwachstellen waren und um den optimalen Trainingsplan für mich festzulegen. Dieser supernette Therapeut stellte sich im Laufe der Zeit als große Stütze für mich heraus. Christian war nicht nur fachlich kompetent, sondern auch sensibel, feinfühlig und verständnisvoll. Und das war für mich unglaublich wichtig. Ich fühlte mich unterstützt und verstanden. Durch die Übungen, die er mir zeigte, wurde ich körperlich stärker und durch sein Gespür für mein Seelenheil fühlte ich mich etwas wohler. Er konnte mir viele Dinge in einfachen Worten erklären. Damit nahm er dem überdimensionalen Geschehen ein wenig an Größe.

Er wusste mich aber auch zu fordern, denn schon am nächsten Tag schlug er vor, anstelle des Liftes die Treppe zum Therapieraum zu nehmen. In den ersten Stock! Ich sah mir die Treppe an und dachte nur: Das schaffst du nie!

Doch er zwinkerte mir lächelnd zu und meinte charmant: „Ich weiß, dass du es kannst. Du bist schon so weit gekommen. Ich glaube, dir ist gar nicht bewusst, welche Kraft in dir steckt. Vertrau mir, du schaffst das. Es kann nichts passieren, ich stehe ja hinter dir." Ich stehe ja hinter dir – witzig oder, als ob das genügen würde! Scherzkeks. Skeptisch betrachtete ich die Stufen und haderte mit mir. Es war mir vollkommen bewusst, wie wackelig ich noch unterwegs war und dass mir die Kraft eigentlich fehlte, um die Stufen hochzukommen. Also was tun, Treppe oder Lift? Nehme ich den harten Weg oder den leichten? Ich hatte

Schiss, und wie! Aber ich konnte mich dann doch überwinden und wählte die Treppe. Tief atmete ich durch, krallte mich am Handlauf fest, hob meinen rechten Fuß langsam hoch und setzte ihn vorsichtig auf die erste Stufe. O.k., das ging, nun musste der linke Fuß aber hinterher und dann die nächste Stufe und die nächste und so weiter. Ihr kennt das sicher, wenn kleine Kinder beginnen, Treppen zu steigen. Genau so sah ich aus. Voll konzentriert tippelte ich 22 Stufen alleine hoch und habe es tatsächlich geschafft. Yes! Und als ich ganz oben stand, begann ich zu weinen. Es war so anstrengend, es tat weh, körperlich wie mental. Ich musste mich erst einmal hinsetzen, um meine schlotternden Knie zu beruhigen. Ich blickte zu Christian, der ja wirklich die ganze Zeit hinter mir gestanden hatte bzw. gegangen war und lächelte ihn (leicht gequält) an: „Cool, oder?" Mit einem Daumenhoch zeigte er mir seine Antwort: „Ich hab es gewusst." Ja schön, wieder etwas geschafft.

Mein Mut

Mein Mut ist müde
mein Krafttank fast leer
ich würd´ so gern´ nur ich sein
ohne zu kämpfen, ohne Zweifel
ohne Tränenmeer.

© Andrea Margreiter

***

Eigentlich kam ich jeden Tag mindestens einmal an meine Grenzen. Ich musste mich bei so vielen Dingen überwinden, ich kämpfte ständig gegen meine Unsicherheit. Vor allem hatte ich Angst und war auch so schrecklich schreckhaft. Bei jedem noch so kleinen Geräusch zuckte ich zusammen. Wenn mich jemand ansprach und ich ihn nicht gerade im Blickfeld hatte, erschrak ich so sehr, dass ich dachte, ich bekomme einen Herzinfarkt. Mein Körper war ständig in Alarmbereitschaft. Als ob ich das Vertrauen in das Leben verloren hätte. Auch wenn ich versuchte, einen auf cool zu machen, oder mich mit lustigen Sprüchen über eine Situation hinwegschummelte, war ich total eingeschüchtert und ängstlich – und nur allzu oft den Tränen nah. Trotzdem gab ich mein Bestes, denn ich wusste, dass mir jeder noch so kleine Erfolg weiterhelfen würde.

Es war wichtig für mich, körperlich stärker zu werden und nicht mehr das Gefühl zu haben, in der Situation festzustecken oder ausgeliefert zu sein.

Denn je stärker mein Körper wurde, desto sicherer wurden auch meine Bewegungen. Und je sicherer die Bewegung, umso größer das Vertrauen in meinen Körper. Es war mir vollkommen bewusst, wie es laufen sollte oder könnte. Nur so einfach wie es klang, war es leider nicht. Denn meine Psyche hinkte eindeutig hinterher. So als ob mein Körper nach vorne starten würde und meine Seele wie ein kleines Kind hinterherläuft und ruft: Warte, bitte nimm mich mit!

In der Reha gab es jeden Tag ein straffes Programm. Ich stand früh auf, ging in den Speisesaal zum Frühstück, danach zum Training, dann Mittagessen, gönnte mir einen Mittagsschlaf, absolvierte mein Training am Nachmittag, zwischendurch wieder eine kleine Pause, dann Visite und Gesundheits-Checks, nette Gespräche mit anderen Patienten, dann der tägliche Kontroll-Ultraschall vom Kopf, dann Abendessen, das tägliche Telefonat mit Manfred und Valentina oder meiner Mama und schlussendlich ab ins Bett. Die Tage waren ausgefüllt und natürlich anstrengend. Die Trainingseinheiten waren wirklich nicht ohne. Von Gleichgewichtsübungen über Krafttraining bis hin zu Übungen der Feinmotorik und Ergotherapie war alles dabei. Und so manch eine Übung zeigte mir recht deutlich meine Schwachstellen auf. Meine linke Körperhälfte war durch die vorübergehende Lähmung gehandicapt. Links und rechts zu verbinden, fiel mir immer noch sichtlich schwer. Auch bei einfacheren Übungen hatte ich Probleme mit meiner linken Hand. Nicht nur, dass ich links weit weniger Kraft hatte als rechts, ich griff auch einige Male voll ins Leere. Oder ich ließ einfach los, wenn ich etwas in der Hand hielt. Wenn ich etwas in der linken Hand hielt und mit der rechten Hand etwas greifen sollte, ließ ich links einfach los. Schwupps. Das war Neuland. Mein linker Fuß knickte beim Gehen immer wieder zur Seite. Oder ich wollte mit dem rechten Fußen losgehen, hob aber den linken hoch. Ein eigenartiges Gefühl, wenn du merkst, dass du es nicht steuern kannst. Aber ich versuchte, mir nichts anmerken zu lassen und redete mir ein, dass es nur eine vorübergehende Sache sei. Wie Manfred und auch meine liebe Mama zu sagen pflegen: „Des weat scho wieda."[5] So übte ich einfach fleißig weiter, ließ mich von den netten Therapeuten für meine Bemühungen loben und freute mich riesig, wenn ich beim darauffolgenden Termin eine klitzekleine Verbesserung bemerkte. Die Betonung liegt aber auf klitzeklein.

---

5 Das wird schon wieder.

Na ja, besser als nichts.

Da die Therapeuten schnell mitbekamen, dass ich, was das alleine gehen betraf, doch zu den fitteren Patienten zählte, verfrachteten sie mich schon am zweiten Tag auf ein spezielles Laufband und meinten, ich solle versuchen, darauf etwas flotter zu gehen. Die Tatsache, dass ich dabei mit Gurten gesichert war, gefiel mir und nahm mir die Angst. Irgendwie machte das sogar Spaß, denn sie gurteten mich an wie einen Fallschirmspringer. Das war lustig. Ganz langsam setzte ich einen Schritt nach dem anderen auf das Band, konnte aber nicht hinsehen. Denn wenn ich die Bewegung des Laufbandes sah, wurde mir sofort schlecht und schwindelig. Für mein Gehirn war das noch zu viel. Also sah ich nach vorne, suchte mir einen fixen Anhaltspunkt und stellte mir einfach vor, ich ginge irgendwo auf der Straße. Das klappte dann auch ganz gut. Schließlich wurde die Geschwindigkeit sogar erhöht und glaubt es oder nicht: Ich schaffte tatsächlich 10 Minuten an einem Stück.

„Das soll mir erst einmal einer nachmachen! 10-Minuteeeen-Marathon!", quietschte ich übermütig. Am Lachen der zwei netten Therapeuten, die mich da betreuten, erkannte ich, dass ich wohl recht hatte. Einer der beiden stimmte mir zu: „Absolut. Das muss Ihnen erst einmal einer nachmachen. Am zweiten Tag! Respekt, Frau Margreiter, wirklich toll gemacht!" Und es wurde noch besser. Es dauerte nämlich nicht lange und ich meisterte 20 und irgendwann sogar 30 Minuten auf diesem Laufband und noch dazu mit Übungen wie umdrehen, seitlich gehen oder Kreuzschritt usw. Natürlich immer gesichert, versteht sich.

Als ich dann noch einige Male von mehreren Seiten Komplimente erhielt, wie unglaublich es sei, dass ich so fit bin, war ich schon ziemlich stolz. Das spornte mich nur noch mehr an. Die Sicherheit kam langsam zurück. Es war so wichtig für mich, mein Vertrauen wiederzufinden. Vor allem in alltägliche Dinge. In die Dinge, die ich früher ganz selbstverständlich gemacht hatte, mir jetzt aber Angst bereiteten. Wenn ich euch sage, wie happy und stolz ich war, als ich das erste Mal wieder vollkommen alleine duschen ging und mir alleine! die Haare waschen und föhnen konnte. Ein Highlight. Ach, es gab so viele kleine Highlights. Alleine Zähne putzen, Haare kämmen, Gesicht waschen, mich eincremen, Essen gehen, ein Buch lesen und auch verstehen, selber telefonieren, die Namen der Schwestern, Pfleger und Ärzte merken, nicht vergessen, wann und wo ich meine nächste Behandlung oder Untersuchung habe und so weiter und so fort. Selbstständig zu handeln, welch Luxus. Das hätte alles weg sein können, ich hätte ständig auf Hilfe angewiesen sein können. Hätte ja, und bei 80 Prozent der Patienten mit Hirnaneurysma ist es auch so, aber nicht bei mir. Dieses unfassbare lück wurde mir immer häufiger bewusst. Einerseits war ich dankbar dafür, andererseits schüchterte es mich ein.

Nun denn, ich war sichtlich beflügelt von all den Komplimenten, doch das dauerte nicht lange an, denn dann kam schon das nächste Level: spazieren gehen im Freien. Bei der Aufgabe hätte ich am liebsten sofort nein gesagt. Ich hatte richtig Angst davor, ins Freie zu gehen. Das war draußen – die richtige Welt! Da gab es nichts zum Festhalten! Was, wenn ich mich unsicher fühle und mir vielleicht schlecht wird und ich dann ausrutsche oder sogar falle, es war Winter! Ich war der Meinung, dass das eigentlich viel zu früh und natürlich auch viel zu gefährlich für mich wäre. Doch mein Lieblingstherapeut Christian, schaffte es wieder einmal, mich zu überzeugen, drehte die ersten zwei Runden zur seelischen wie körperlichen Unterstützung mit mir mit und beim dritten Mal ging ich schon alleine. Na ja, nicht ganz alleine, denn ich hatte eine Begleitung. Ich tat mich mit einer Schlaganfall-Patientin zusammen, der ebenfalls geraten worden war, ein wenig ins Freie zu gehen. Zu zweit fühlten wir uns einfach sicherer. Mit der seelischen Unterstützung der anderen und dem Wissen, wo wir uns im Notfall festhalten konnten, klappte es ganz gut. Anfangs schlenderten wir nur einige Meter an der Klinik entlang. Immer in Reichweite eines Zaunes oder einer Hausmauer. Bedacht setzten wir einen Schritt vor den anderen, Meter für Meter, jeden Tag ein winziges Stück weiter. Manchmal lauschten wir einfach nur der Stille der Natur oder amüsierten uns über das Knistern des Schnees, und manchmal hatten wir so tolle Gespräche, dass wir gar nicht mehr so sehr auf den Weg bzw. unsere Notfall-Fixpunkte achteten, sondern einfach nur gemütlich dahin spazierten. Wir sprachen über Gott und die Welt, erzählten uns von unseren Liebsten und genossen es, eine Gleichgesinnte gefunden zu haben. Natürlich waren wir immer noch vorsichtig, aber nicht mehr so ängstlich. Jeder Schritt, den wir machten, brachte uns ein Stück Selbstsicherheit zurück und die frische Luft, das Sonnenlicht und die tolle Aussicht taten uns beiden gut. Dieser Schritt „ins Freie" hatte für uns eine weit tiefere Bedeutung.

Es war eine Wohltat mit ihr zu reden. Margit war eine ganz zauberhafte, intelligente und herzliche Frau. Ich fühlte mich von ihr verstanden, denn sie kämpfte so wie ich mit ihren Ängsten. Während den Behandlungen oder Therapien hatten wir keine Zeit zum Grübeln, doch in den Pausen dazwischen konnten wir unsere Gedanken kaum stoppen.

Ich hatte Panikattacken, die leider immer häufiger auftraten und an Intensität gewannen. Mein Körper wurde zwar mit jeder Übung und jedem Training stärker, doch meiner Psyche ging es zusehends schlechter und das beunruhigte mich. Ich dachte einfach viel zu viel über alles nach. Manchmal konnte ich die halbe Nacht nicht schlafen, da mich solche Ängste quälten. Was, wenn ich nicht mehr zu mir selbst zurückfinde? Wenn ich nicht mehr in mein altes Leben zurückfinde? Wenn ich kein eigenständiges Leben mehr führen kann? Was, wenn ich…. sterbe? Es war mir bewusst, dass es unrealistisch war, dass es keinen Grund gab, Angst zu haben, doch ich konnte die Gedankenspirale nicht stoppen.

Manchmal war es so heftig, dass mir der kalte Schweiß über den Rücken lief, es mir die Luft zum Atmen nahm und ich glaubte, mein Herz würde zerspringen. Meine Hände hörten einfach nicht mehr auf zu zittern. Angst zu haben, ist definitiv nicht cool.

Als Unterstützung bekam ich von den Ärzten vorübergehend so süße, kleine rosa Pillen und zum Schlafen gab es Baldrian-Dragees. Das löste zwar nicht alle Probleme, machte die Sache aber ein wenig erträglicher. Die Chefärztin versuchte, mir bei einer Visite zu erklären, was gerade in mir vorging: „In Ihrem Fall ist es wirklich Fluch und Segen zugleich, Frau Margreiter. Ein Aneurysma in dem Ausmaß, wie Sie es hatten, so gut zu überstehen, ist ehrlich gesagt ein kleines Wunder. Solch ein Glück haben maximal zehn Prozent. Die reine Überlebenschance liegt gerade einmal bei 40 Prozent. Das, was Sie bzw. Ihr Körper da durchmachen musste, ist richtig schwer. Ihr Körper hat schon Vorarbeit geleistet. Er hat im Koma versucht, das Geschehene zu verarbeiten. Er hat versucht, sich ‚im Schlaf' zu regenerieren. Und das hat er auch recht gut gemeistert, doch Ihre Psyche muss jetzt mit dem Trauma klarkommen. Die Angst kam im Nachhinein, da Ihnen nun immer bewusster wurde, was eigentlich geschehen ist. Wäre es eine Krankheit gewesen, bei der Sie vorab eine Diagnose erhalten hätten, wäre es vermutlich umgekehrt. Diagnose, Angst vor dem Ungewissen, dann Behandlung, vielleicht sogar Operation und danach müsste sich der Körper erholen. Sie hätten die Möglichkeit erhalten, sich mit der Tatsache zu befassen. Sie hätten für sich einen Plan schmieden können, um klare Gedanken zu finden. Das konnten Sie in Ihrem Falle aber nicht, denn das Aneurysma kam ohne Vorwarnung. Wir wissen, wie schwer es ist, ein Trauma zu verarbeiten, aber bitte vertrauen Sie darauf, so schwierig es Ihnen jetzt auch erscheint, es wird alles wieder gut." Vertrauen Sie darauf, ja schön, klang nur einfacher, als es war. Denn so schnell war ich die Angst leider nicht los. Erst einmal musste ich lernen, mit ihr umzugehen, denn eines war für mich absolut klar: Die rosa Pillen waren keine Dauerlösung.

***

Vier Wochen Reha waren damals für mich vorgesehen – eine Rehabilitationsrichtlinie für Schlaganfallpatienten. Doch da ich so schnelle Fortschritte machte, konnte ich nach gerade einmal zwei Wochen schon wieder entlassen werden. Eigentlich unglaublich, nur 5 Wochen nach meinem Aneurysma durfte ich tatsächlich schon nach Hause. Yippie! Nach so kurzer Zeit vertrauten die Ärzte darauf, dass ich meinen Alltag alleine meistern würde. Ich muss aber auch gestehen, ich tat alles, was in meiner Macht stand, um ihnen das zu suggerieren. Ich wollte ihnen zeigen, dass ich fit genug bin, um alles alleine zu schaffen. Wenn man es genau betrachtet, habe ich manchmal sogar ein wenig geschummelt. Ich überspielte teilweise, wie viel Kraft, Energie und Überwindung mich alles kostete. So nett, hilfsbereit und zuvorkommend dort auch alle waren, ich wollte raus. Ich wollte nur nach Hause. Der unbändige Wille, wieder bei meiner Familie sein zu können, trieb mich voran. Ich war eine kleine Schauspielerin. Ich versuchte, alle zu überzeugen, wie fit und gut drauf ich doch war. Alle, vielleicht sogar auch mich selbst.

Aber anscheinend hatte es funktioniert, denn ich durfte ja wirklich nach Hause, mein größter Wunsch ging in Erfüllung.

Kapitel 9

Mein Zuhause

Es brauchte Zeit bis ich verstand
ich vermisste nicht mein Zuhause
sondern das was ich empfand
ich vermisste das Vertraute
das Gefühl der Geborgenheit
meinen Hafen, meinen Anker der Sicherheit
doch jetzt sind die Gedanken so klar
von Liebe erfüllt, so wunderbar
meine Sinne kommen zur Ruh'
bei dir bin ich zu Haus'
mein Zuhause das bist du.

© Andrea Margreiter

Und als es dann endlich so weit war, und ich wusste, dass Manfred kommen würde, um mich abzuholen, wurde ich furchtbar nervös. So sehr hatte ich mir in den Kopf gesetzt, nach Hause zu kommen, dass ich nicht darüber nachgedacht hatte, wie mein Alltag zu Hause überhaupt aussehen würde. Ich bekam Panik. Valentina war in der Schule, Manfred bei der Arbeit und ich wäre ganz alleine in dem großen Haus. Mir gingen plötzlich tausend Dinge durch den Kopf: Was, wenn ich es alleine nicht schaffe, was, wenn ich zu Hause Panikattacken bekomme, Manfred muss arbeiten, Valentina ist auch nicht da, dann ist niemand im Haus, der mir helfen kann, schaffe ich den Haushalt überhaupt alleine, weiß ich noch, wie alles funktioniert und wo alles ist, kann ich überhaupt noch kochen, bin ich wirklich so selbstständig und fit, dass ich wieder nach Hause darf? Die Unsicherheit überwältigte mich. Hatte ich mich vielleicht überschätzt? Hatte ich die ganze Sache zu wenig durchdacht? Zu Hause gab es keinen Arzt, keine Schwester und auch keinen Pfleger, die mir im Notfall helfen könnten. Zu Hause gab es kein Sicherheitsnetz wie in der Reha. Shit, war das vielleicht doch ein Fehler, sollte ich vielleicht lieber noch bleiben?

Und plötzlich kam mir die schlimmste Frage in den Sinn: Wie geht es eigentlich in Zukunft mit mir weiter, beruflich, musikalisch … Kann ich überhaupt jemals wieder auf die Bühne, kann ich überhaupt noch singen? Musik, mein Leben, mein Elixier, meine größte Leidenschaft. Was wenn… nicht auszudenken. Ich hatte heimlich hin und wieder versucht, ein Lied zu summen oder ging Songtexte durch, um zu sehen, ob ich sie noch weiß, aber ich hätte mich niemals getraut, laut zu singen. Ich hatte solche Angst davor, dass ich vielleicht meine Musikalität verloren hatte. Das würde mich zerstören, denn ich kann mir ein Leben ohne Musik einfach nicht vorstellen.

Ich versuchte, mein Kopfkino zu stoppen und mich nur darauf zu konzentrieren, dass mich Manfred nach Hause holt. Das war aber gar nicht so einfach, denn mein Gedankenkarussell lief auf Hochtouren. Mein ganzes Leben hätte ich nicht gedacht, dass man sich mit stolzen 52 Jahren fühlen könnte wie ein eingeschüchtertes kleines Kind. Ich hatte meine Taschen gepackt, hatte mich von allen, die mich dort so liebevoll auf meinem Genesungsweg begleitet hatten, persönlich verabschiedet und stand nun in der Eingangshalle der Klinik. Ich starre auf die Einfahrt und hielt Ausschau nach unserem Auto. Mein Herz pochte wie wild.

Und dann der große Augenblick, Manfred fuhr vor. Für einen kurzen Moment konnte ich mich nicht mehr bewegen, ich wusste nicht, was ich tun sollte. Meine Sinne waren komplett überreizt. Ich wollte lachen, weinen, schreien und zu ihm laufen, stand aber nur vollkommen erstarrt da. Die Gefühle übermannten mich. Angst, Erleichterung, Freude, Dankbarkeit, Wehmut, Erschöpfung, Unsicherheit. Die Tatsache, fast gestorben zu sein, knallte mir wieder einmal wie eine Reklametafel mitten ins Gesicht. Wham! Das war wie ein Filmriss.

Zum Glück sprang Manfred sofort aus dem Auto, kam freudestrahlend auf mich zu, umarmte und küsste mich und holte mich so aus meiner Starre heraus.

Seine Umarmung war so liebevoll und stark zugleich. Es tat so gut, ihn zu spüren. Er flüsterte mir ins Ohr: „Ich lass dich nie wieder los." Und da kullerten bei mir schon die Tränen. Unsere tiefe Verbundenheit und Liebe konnte ich spüren. Es war einer dieser Augenblicke, die ich mein ganzes Leben nicht mehr vergessen werde.

Wir konnten uns nur schwer aus unserer Umarmung lösen, schafften es aber dann doch irgendwann, meine Habseligkeiten ins Auto zu packen und uns auf den Weg zu machen. Wieder in einem fahrenden Auto zu sitzen, war aufregend und sehr unangenehm. Ich wusste nicht, wo ich hinsehen sollte, da mich die vorbeiziehende Fahrbahn schwindelig machte. Mir wurde übel. Mein Kopf konnte die ganzen Informationen und Bilder nicht so schnell verarbeiten. Und noch dazu gab es viel zu viele Gefahren da draußen. Ich konnte mich kaum mit Manfred unterhalten, da ich nur darauf achtete, ob irgendetwas passieren würde. Die Fahrt kam mir vor wie eine Ewigkeit. Die Augen fielen mir fast zu, gleichzeitig war ich aber auch total hibbelig bei dem Gedanken, Valentina endlich wiederzusehen. Auf dem Weg nach Hause fuhren wir direkt am Haus meiner Schwiegereltern vorbei und da kam mir spontan die Idee, kurz Hallo zu sagen. Da ich wusste, wie sehr sie für meine Genesung gebetet hatten, dachte ich mir, sie würden sich vielleicht freuen, mich zu sehen. Also machten wir einen kurzen Stopp. Ich stieg etwas wackelig aus dem Auto, ging zur Tür, öffnete diese und ging durch den Kellerraum in das Haus. Als erstes liefen mir mein Schwager und meine Schwägerin über den Weg. Sie hatten keine Ahnung gehabt, dass ich persönlich vorbeikommen würde. War ja auch ein spontaner Einfall. Dementsprechend war auch ihr Gesichtsausdruck. Sprachlos nahmen sie mich in Augenschein. Sie konnten es kaum fassen, dass ich wirklich vor ihnen stand. Und nach dem ersten Schock schlossen sie mich freudig in ihre Arme und hießen mich herzlich willkommen. Dann begleiteten sie mich einen Stock höher in den Wohnbereich meiner Schwiegereltern. Ich stand in der Tür, sah meine Schwiegermama und konnte meine Tränen nicht mehr halten: „Jetzt bin i wieda do."[6] Und das Hallo war groß. Es wurde umarmt, geknuddelt und geweint vor Freude, vor Dankbarkeit und Erleichterung. Ich konnte nur allzu deutlich spüren, wie sehr sie sich darüber freute, dass ich wieder da war, nein, dass ich noch da war. Doch wo war Schwiegerpapa? Ich wollte auch ihn begrüßen. Also gingen wir die Treppe wieder nach unten, um ihn zu suchen und da kam er gerade herein. Er sah mich an, als ob er ein Gespenst sehen würde. Alle redeten gleichzeitig auf ihn ein und er stand nur da, ein wenig überfordert und mit Tränen in den Augen. Mit einem zaghaften Lächeln nahm er mich ganz langsam in seine Arme und flüsterte: „Ach wie schön, dich zu sehen. So schön." Ich genoss diesen Augenblick der Wiedersehensfreude.

---

6 Jetzt bin ich wieder da

Wir unterhielten uns eine Weile und dann ging es weiter. Ab nach Hause, auf zu Valentina. Und gerade einmal sieben Minuten später stand ich vor unserer Haustür. Es fühlte sich eigenartig an. Ich bekam weiche Knie und hatte plötzlich Angst davor, die Tür zu öffnen.

Vollkommen unlogisch, ich weiß. Manfred sah, dass ich zögerte, also öffnete er die Tür für mich und schob mich vorsichtig in den Flur. Da kam auch schon Valentina quietschend um die Ecke: „Mamaaaaaa!" Dicht gefolgt von der Katze Notschi hüpfte sie freudestrahlend auf mich zu. Sie umarmte mich, küsste mich laut schmatzend gefühlte hundert Mal auf die Wange und seufzte: „Ich bin so froh, dass du wieder da bist." Und das konnte ich natürlich auch spüren. Mein Gott, habe ich mich auf dieses Mädel gefreut. Valentinas Umarmung fing mich im wahrsten Sinne des Wortes auf, denn danach sank ich langsam zu Boden.

Vollkommen überwältigt saß ich mitten im Flur und atmete erst einmal tief durch. Ich war wieder zu Hause, was für ein eigenartiges Gefühl. Da sollte man sich doch richtig freuen, oder? Ja sollte man, aber ich dachte in dem Moment nur daran, fast gestorben zu sein. Um Haaresbreite zurück im Leben. Ich sah mich um, versuchte, die Katze zu greifen und sie auf meinen Schoß zu setzen, um sie zu knuddeln und richtig zu begrüßen, da begann ich schon zu weinen. Mir war so schmerzhaft bewusst, welches Glück ich hatte. Meine Gedanken überschlugen sich. Was war nur mit mir los, ich sah mein Zuhause, meine Liebsten, mein Leben und es kam mir so fremd vor, fast unrealistisch. Wie in einem Traum – einem bösen Traum. Ich hatte mich die ganze Zeit so auf zu Hause, auf mein „normales" Leben gefreut, auf das Gefühl der Geborgenheit und jetzt musste ich zu meinem Schrecken feststellen, dass es sich nicht wie früher anfühlte. Es war vollkommen anders, einschüchternd und überwältigend. Als ob alles viel größer wäre als früher, oder ich kleiner. Ich fühlte mich so winzig. Gehörte ich überhaupt noch hier her? In diesem Moment hatte ich das Gefühl, eine Fremde in meinem eigenen Leben zu sein.

Ich schluchzte leise vor mich hin und Valentina versuchte, mich zu trösten. Ich weinte nicht aus Selbstmitleid, ich war einfach nur geschwächt, eingeschüchtert und überwältigt. Wieder zu Hause zu sein, machte mich glücklich, ja, es machte mir aber auch Angst, große Angst.

Was kommt jetzt noch alles auf mich zu, wie würde es weiter gehen? Konnte ich mein Leben überhaupt noch alleine meistern? So viele Fragen, so viele Zweifel.

In der Klinik und in der Reha hatte ich mich langsam an die Menschen, die Umgebung und die Abläufe gewöhnen können. Ich hatte die Zeit, langsam wieder Vertrauen aufbauen.

Immer war jemand dagewesen, der mir im Notfall hätte helfen können. Das war eine Art Sicherheitsnetz. Doch hier und jetzt fühlte ich mich fehl am Platz, unsicher, hilflos und allein. Das konnte ich aber nicht laut sagen, denn Valentina und Manfred strahlten mich in dem Moment so dankbar an. Also flüsterte ich nur: „Ich freue mich, wieder zu Hause zu sein. Ich liebe euch so sehr, dass es weh tut." Und das war keine Lüge. Eigentlich war es vollkommen egal, wie sich dieses Haus, dieses Zuhause anfühlte, denn mein wahres Zuhause waren, sind und werden immer sein: Manfred und Valentina.

Ich war total erledigt. Die vergangenen Wochen waren schwer zu begreifen. Ja, ich hatte etwas Schlimmes überstanden und so schön diese Tatsache auch war, war es emotional überwältigend. Meine Gefühlswelt war in Aufruhr. Meine Wahrnehmung, mein Bewusstsein, mein Körpergefühl einfach alles war viel intensiver als früher. Ich war so geräuschempfindlich, hochsensibel und vermutlich auch dünnhäutig und daran musste ich mich erst gewöhnen. Dieses Erlebnis hatte mich verändert. Mein neues Ich passte nicht in mein altes Leben. Ich musste erst wieder hineinwachsen.

***

So waren die ersten Tage mehr oder weniger ein Herantasten. Optisch gesehen war mir das ganze Haus natürlich nicht fremd. Ich konnte mich gut orientieren und wusste zum Glück noch, wo alles war, doch meine Kraftlosigkeit und meine Unsicherheiten machten mir einen Strich durch die Rechnung. Die einfachsten Dinge kosteten mich riesige Überwindung. Selbst eine Entscheidung zu treffen, war anstrengend. Ich benötigte für alles unglaublich viel Zeit und Energie. Und wenn ich sage „alles", dann meine ich auch wirklich „alles". Egal, ob ins Bad gehen, mich duschen, meine Haare föhnen, Essen zubereiten, putzen, bügeln, Treppen steigen oder mich einfach nur länger mit jemandem unterhalten – alles war kraftaufreibend. Jede Handbewegung, jede Kleinigkeit, die sonst so selbstverständlich war, war auf einmal eine Mammutaufgabe. Mir wurden ziemlich rasch meine Grenzen aufgezeigt. Und trotzdem versuchte ich, den Tagesablauf so ähnlich wie früher zu gestalten. Tatsächlich schaffte ich natürlich nur einen Bruchteil im Vergleich zu früher. Ich glaube, ich wollte ein wenig

„Normalität" zurück. Ich brauchte dieses Gefühl, um mich sicherer zu fühlen. Man kann sagen, ich kämpfte mich erst einmal von einem Tag zum nächsten. Auch hier wieder: Schritt für Schritt, step by step.

***

Ich kam am 16.12. nach Hause und hatte nur knapp acht Tage Zeit, um irgendwie anzukommen und mich auf Weihnachten einzustellen. Schon immer habe ich diese Zeit des Jahres geliebt, einfach alles daran. Um Valentina zu zitieren: Ich bin ein Weihnachtself. Ich liebe es, das Haus zu schmücken, dabei in Endlosschleife Weihnachtslieder zu hören, Lebkuchen zu backen, Geschenke zu verpacken und dabei mit Glitzer und Klimbim nicht zu sparen. Das Essen zuzubereiten und natürlich gemeinsam zu genießen. Doch am meisten liebe ich es, meine Liebsten zu überraschen und ihnen Freude zu bereiten. Ich liebe es, weil Weihnachten für uns noch etwas Besonderes ist und dieses Weihnachten würde ohne Zweifel etwas ganz Besonderes sein. Wir wollten nicht nur das Weihnachtsfest feiern, sondern auch mein kleines Wunder. Das Glück, noch ein gemeinsames Weihnachtsfest zu haben. Ich freute mich sehr darauf und ich muss gestehen, dass Manfred und Valentina alles taten, um es mir so angenehm wie möglich zu machen. Valentina hatte das ganze Haus zauberhaft dekoriert, Manfred hatte es von oben bis unten perfekt geputzt, dann eingekauft und so weit vorbereitet, dass ich mich am Abend nur noch an den gedeckten Tisch setzen musste. Den Weihnachtsbaum schmückten wir am Nachmittag gemeinsam und das hatte etwas Magisches. Jede Kugel platzierten wir bedacht und bewusst. Wir zelebrierten es. Ich glaube, nein ich weiß, dass wir noch nie so einen schönen Heiligen Abend hatten.

Auch der erste Weihnachtsfeiertag war besonnen und voller Dankbarkeit. Manfred und Valentina besuchten am Nachmittag die Schwiegereltern und ich hatte das Privileg, mich ausruhen zu dürfen. Mit dem Blick auf den wunderschönen Weihnachtsbaum konnte ich für kurze Zeit meine Ängste beiseiteschieben. Am zweiten Weihnachtsfeiertag kamen, zu meiner großen Freude,

Manfreds Töchter aus erster Ehe, Sabine und Ines inklusive Schwiegersohn Dominic zu Besuch. Gemeinsam saßen wir am Tisch, genossen das Essen und plauderten.

Auch wenn es mich anstrengte, war es einfach schön. Wir spielten sogar Spiele, „Stille Post" und dann noch Trivial Pursuit, und das machte mir große Freude. Es machte mich happy, mit den jungen Leuten noch mithalten zu können. Ich scherzte sogar: „Na, doch nicht alles kaputt gegangen." Es lenkte mich ab, holte mich weg von meinen Gedanken und war fast so wie früher.

Doch dann klingelte Manfreds Handy. Er hob ab und binnen Sekunden veränderten sich seine Gesichtszüge. Von einem Moment zum nächsten war alles vollkommen anders. Er versuchte, leise zu sprechen, drehte sich von uns weg und ging schließlich aus dem Zimmer. Sofort spürte ich, dass etwas nicht in Ordnung war. Als er zurückkam, fragte ich, was los sei und er rang nach den richtigen Worten. Er versuchte mich oder uns alle zu beschützen und sagte: „Opa geht es nicht so gut, die Rettung ist schon vor Ort und sie bringen ihn jetzt ins Krankenhaus."

„Was? Aber was ist denn passiert?", fragte ich bestürzt.

„Ich weiß es nicht genau. Es könnte sein, dass er einen Herzinfarkt hatte. Ich fahre jetzt los, hole Mama, fahre mit ihr ins Krankenhaus und wenn ich mehr weiß, gebe ich euch Bescheid." Wir standen alle unter Schock. Das gemütliche Beisammensein war natürlich abrupt beendet. Im Versuch, Ruhe zu bewahren, sprachen wir uns gegenseitig Mut zu.

Sabine, Ines und Dominic brachen kurze Zeit später auf und Valentina bemühte sich, mich abzulenken: „Wirst sehen Mama, alles wird gut. Opa geht es sicher bald besser. Er ist in guten Händen." Sie wiederholte sich ständig und ich wollte es ihr nur allzu gerne glauben, hatte aber ein ganz ungutes Gefühl. Ein Gefühl, das leider eine Stunde später bestätigt wurde. Unser liebevoller, herzensguter und bescheidener Papa, Opa, Schwiegerpapa war von uns gegangen. Ich war fassungslos. Warum? Warum nur? Er war doch gesund gewesen. Es hatte keine Anzeichen gegeben. Wieso wurde er so aus dem Leben gerissen? Wieso wurde er uns genommen? Valentina und ich lagen auf der Couch, umarmten uns und versanken in Tränen. Ich hätte am liebsten laut geschrien, aber dazu fehlte mir die Kraft.

Mich überkam eine Welle des Schuldgefühls und ich flüsterte: „Musste er wegen mir gehen? Musste er gehen, weil ich verschont wurde?" Valentina drückte mich noch fester an sich und schluchzte: „Nein, Mama, nein, sag so etwas nicht. Das hat überhaupt nichts mit dir zu tun."

„Doch, jetzt hat er Opa zu sich geholt, weil er mir eine zweite Chance gegeben hat. Das will ich nicht. Ich will nicht, dass Opa weg ist."

„Das will keiner von uns Mama, das will keiner von uns." Wir lagen uns in den Armen und teilten unseren Schmerz der Trauer. Es war einfach nur unfassbar. So nah liegen Glück und Leid beieinander.

In der Verfassung, in der ich war, war es schwer für mich, diesen Verlust zu verarbeiten. Es brachte die Verunsicherung, die ich so mühevoll bekämpft hatte, zurück. Doch ist das nichts im Vergleich zu dem Schmerz, den meine Schwiegermama erleiden musste. Und natürlich Manfred und Klaus, die gerade zur Weihnachtszeit ihren Papa verloren. Es war unfassbar.

Die Corona-Auflagen machten den Abschied nicht leichter. Opa Valentin wurde in kleinstem Rahmen verabschiedet und mir war es nicht möglich dabei zu sein. Doch ich konnte ihm ein Gedicht widmen. Ein Gedicht, das seine vier Enkel dann bei der Zeremonie vorlasen. Ich war in Gedanken bei ihm.

Während ich alleine zu Hause saß und meinen Tränen freien Lauf ließ, dachte ich kurz an den Satz, den Valentina zu mir gesagt hatte. Und mit dem Wissen, was in dieser Nacht wirklich mit Opa passiert war, erhielten ihre Worte eine ganz andere Bedeutung.

„Wirst sehen Mama, alles wird gut, Opa geht es sicher bald besser. Er ist in guten Händen." Welch schöner Gedanke. Das machte es ein wenig erträglicher. Und immer wieder kam mir der Satz in den Sinn: *Gott nahm dich sanft in seine Hände, als die Kraft zu Ende.*

So ist das Leben. Es wird dir vieles geschenkt, aber auch vieles genommen. Und dann muss man lernen loszulassen. So schmerzhaft es auch ist. Wir versuchten alle, jeder auf seine Weise, damit umzugehen, denn unser Leben ging schließlich weiter. Er bleibt für immer ein Teil von uns, für immer in unseren Herzen.

Opa

Es ist nicht zu glauben,
man kann es nicht verstehen,
dass du nicht mehr da bist
und wir uns nie wieder sehen.
So still und leise gingst du fort,
mit einem Lächeln, doch ohne ein Wort.
Dein Weg war hier zu Ende,
Gott nahm dich nun in seine Hände.
Unsagbar groß ist unser Schmerz,
doch die Liebe zu dir, erfüllt unser Herz.
Wir vermissen dich,
deine liebevolle Art, deine Wärme und deine Bescheidenheit,
dein Lachen, deine Scherze und dein ‚Jetzt wa für a Jaisä Zeit'
Du hast uns beschützt, behütet
und hattest immer ein offenes Ohr
und dank deiner ‚Butterbrodä' kam uns kein Problem unlösbar vor.
Danke, für alles, was du für uns getan,
du warst der tollste Opa, den man sich nur wünschen kann.
Jetzt bist du ein Stern am Himmelszelt
und für uns der schönste Stern der ganzen Welt.
Danke Opa, wir vergessen dich nie, Pfiat die Opa, mia hom die so lieb.

© Andrea Margreiter

Kapitel 10

An manchen Tagen

An manchen Tagen tut es einfach nur weh, mich so zu sehen
und an manchen Tagen finde ich das Leben trotzdem schön
An manchen Tagen fehlt mir zum Kämpfen die Kraft
und an manchen Tagen sehe ich, wie viel man gemeinsam schafft.
An manchen Tagen fehlt mir der Mut
und an manchen Tagen weiß ich, alles wird gut.
An manchen Tagen könnt' ich vor Angst fast schreien
und an manchen Tagen hoffe ich, du kannst mir meine Zweifel verzeihen.
Doch an allen Tagen ist eines ganz gewiss,
dass mein Herz einzig und alleine das deine ist.

© Andrea Margreiter

Ich kämpfte mich von einem Tag zum nächsten. Es gab gute Tage, richtig gute Tage und natürlich auch schlechte. Aber irgendwie ging es voran. Es war wie eine ständige Berg- und Talfahrt. Zwei Schritte vor und einer wieder zurück. Und manchmal sogar umgekehrt. Ich lernte notgedrungen, mit meinen Schwächen umzugehen. Ich entdeckte meinen Körper neu, lernte, auf ihn zu hören und noch mehr auf mich zu achten. Und das kostete mich nicht nur Kraft und Zeit, sondern auch einiges an Geduld. Die ich nicht immer hatte. Aber dafür hatte ich ja Manfred, denn der wusste mich zu motivieren, wenn ich knapp vorm Verzweifeln war. Ich gab mein Bestes, um mich in meinem neuen Leben zurechtzufinden.

Von Manfred und Valentina wurde ich dabei so gut es ging unterstützt. Nur leider konnten sie nicht ständig an meiner Seite sein. Ich musste die meiste Zeit des Tages alleine klarkommen. Und das war am Anfang wirklich schwer, denn ich hatte Angst, wenn ich alleine war. Ich hatte Panikattacken, ich glaubte ständig, mir könne etwas passieren. Natürlich versuchte ich mich zu beruhigen, schaffte es aber alleine nur schwer. Es gab so manche Situation, in der mir

Manfred zu Hilfe kommen musste. Wo ich z. B. weinend im Wohnzimmer auf dem Boden lag und nicht mehr weiterwusste. Doch er schaffte es jedes Mal, mich mit seiner verständnisvollen, liebevollen und geduldigen Art aus meinem Tief zu holen. Er ist eben mein Held.

Es waren aber nicht nur die Ängste, die mir zu schaffen machten, oder dass mir bei der kleinsten Tätigkeit die Puste ausging, sondern auch mein Kopf. Genauer gesagt mein Gehirn. Wenn ich zu viele Informationen erhielt, ging es einfach auf Stand-by, wenn beispielsweise mehrere Personen gleichzeitig sprachen oder verschiedene Dinge gleichzeitig passierten bzw. ich verschiedene Dinge gleichzeitig wahrnahm. Wenn ich also kochen wollte und darüber nachdachte, was ich alles dazu bräuchte, oder womit ich beginnen soll und Manfred mich zufällig im selben Moment ansprach, machte es einfach klick und ich blickte kurze Zeit ins Leere. Dann konnte ich mich weder bewegen noch denken. Null Reaktion, ein eigenartiges Gefühl. Zum Glück hielt es nie lange an und ich kam von selbst wieder aus dieser Starre heraus.

Ich musste mich ständig neu orientieren, musste Vertrautes gegen Neues eintauschen. Und es gab so einiges, das neu für mich war. Zu Hause kämpfte ich nämlich plötzlich mit körperlichen Handicaps, die ich vorher nicht hatte. Je mehr Zeit verging, desto mehr tauchte auf. Vielleicht hing das mit den Medikamenten zusammen, die ich in der Klinik hatte nehmen müssen. Es waren doch ziemlich viele gewesen, die ich dort bekommen hatte. Vermutlich hatten sie anfangs einige Symptome vertuscht. Und als mit der Zeit die Dosis verringert wurde, tauchten die Nebenwirkungen auf. Das hat Spuren hinterlassen – als ob man langsam clean würde und sich plötzlich wieder spüren könne. Na ja, das ist jetzt meine Theorie.

Jedenfalls kam noch einiges auf mich zu, das ich nicht kannte. Ich wusste schon, dass mein linkes Bein beim Gehen immer wieder einknickte oder unkontrolliert zur Seite schlenkerte. Auch, dass meine linke Hand viel schwächer war als die rechte, Dinge einfach losließ, wenn ich nur in eine andere Richtung blickte, oder dass ich die linke Hand hochhob, wenn ich mit der rechten jemanden begrüßen wollte. Dass ich manchmal doppelt sah oder vergaß, was ich gerade machen wollte, war mir auch nicht neu, das hatte ich schon in der Reha entdeckt. Aber dass ich nicht mehr richtig essen konnte, teilweise überhaupt nur noch Kartoffeln und Haferbrei vertrug, sämtliche Organe „out of control" waren, ich Probleme mit meiner Blase hatte, einen zu hohen Blutdruck, einen Zwerchfellbruch, Reflux, Zungenbrennen, teilweise keinen Geschmacksinn und mich nicht mehr bücken konnte, ohne das Gefühl zu haben, dass mir der Schädel platzt, oder ich die Sonne nicht mehr vertrug, ich beim Gehen immer wieder zur Seite schwankte, mir Wörter nicht mehr einfielen und ich beim Schreiben ständig die Buchstaben verdrehte, war mir neu. Das mit dem Essen war relativ schnell geklärt, da galt die Devise: Du verträgst sonst nichts, also isst du sonst nichts. Ein Diätplan der anderen Art, nur mehr Gemüse und Haferbrei. Was zur Folge hatte, dass ich in kurzer Zeit 13 Kilo verlor. War o.k., jedoch nicht förderlich, wenn man eigentlich stärker werden und Kraft aufbauen und nicht abbauen soll. Aber auch damit kommt man klar, wenn man muss. Nützt ja nichts.

Natürlich war es nicht immer einfach. Es kann einem schon aufs Gemüt schlagen, wenn man sich über Monate ständig erklären muss. Wenn man ständig sagen muss, warum man nichts isst bzw. essen kann. By the way: Ist es für manche Menschen wirklich so schwer verständlich, wenn man sagt „Nein danke, ich kann es nicht essen, da ich es nicht vertrage!"? Einladungen zum Beispiel waren meistens nett gemeint, für mich aber jedes Mal eine Herausforderung. Ich aß dann immer vorher zu Hause und sah den anderen einfach still lächelnd zu. War o.k. Aber dann ständig die gutgemeinten Fragen: Willst du nicht doch mit uns mitessen, eine kleine Portion geht sicher! Ein kleines Stück Kuchen passt schon, oder? – Nein! Das ging eben nicht. Ständig musste ich mich wiederholen und über so lange Zeit auf fast alles verzichten. Das war gemein, aber machbar.

Da störte mich mein Links-Rechts-Problem wesentlich mehr. Das machte mir wirklich Kopfzerbrechen. Anscheinend war und ist die Verbindung zwischen linker und rechter Hand gestört. Beim Schreiben fiel es mir besonders auf, da verdrehte ich ständig die Buchstaben.

Das habe ich leider immer noch. Ebenso die Gefühlsstörungen, also die Sensibilitätsstörung meiner Haut. Das ist eine Veränderung der Wahrnehmung von Sinnesreizen, ausgelöst durch das Aneurysma und die Operation. In meinem Kopf ist doch ein klein wenig kaputt gegangen. Mein Temperatur-, Druck- oder Schmerzempfinden war und ist gestört. Mit meiner linken Hand empfinde ich viele Dinge als schmerzhaft, zu heiß oder viel zu kalt. Mit der rechten Hand hingegen fühlt es sich normal an. Am Anfang hatte ich diese Gefühlsstörungen auch im Gesicht. Meine linke Gesichtshälfte tat mir richtig weh. Ich hatte ständig das Gefühl, dass mein Auge zuckt und ich meine Nase kratzen müsse. Meine Haut schmerzte. Eigentlich tat mir die komplette linke Körperseite weh, vom Auge bis zu den Zehenspitzen. Im Gesicht wurde es zum Glück mit der Zeit besser, der Rest tut aber immer noch weh und fühlt sich ständig eiskalt an und das wird vermutlich auch so bleiben. Damit habe ich mich abgefunden. Das sind die Nachwehen der Lähmung, jedoch Kleinigkeiten, wenn man bedenkt, was alles hätte sein können.

So manövrierte ich mich eben durch die Tage, versuchte, so viel wie möglich selbst zu machen und den Alltag bestmöglich alleine zu meistern. Und das klappte mit der Zeit auch recht gut, denn je länger ich zu Hause war und je mehr ich im Haushalt schaffte, desto sicherer wurde ich. Das heißt, unser Zuhause wurde zu einer sicheren Zone. Mein Angstlevel sank langsam, ganz langsam. Das war ja nun schon mal recht schön. Doch nur im Haus zu bleiben, war eindeutig zu wenig. Ich wusste, ich musste irgendwann auch wieder nach draußen – in die „große weite Welt". Denn schließlich wollte ich mein Vertrauen in das Leben zurückgewinnen und mich überall wieder frei bewegen können. Ohne Bedenken und vor allem ohne die ständige Angst, dass mir etwas passieren könnte. Ich wusste aber auch, dass ich mich selbst auf keinen Fall überfordern durfte. Denn so unsicher und eingeschüchtert ich mich alleine bei dem Gedanken, nach draußen zu gehen, fühlte, hätte ich mit einer übereilten Handlung vermutlich nur eine Panikattacke heraufbeschworen.

Kleine Schritte waren angesagt. Immer schön langsam. Ihr wisst es: step by step. Und so fassten wir den Entschluss, erst einmal mit kurzen Spaziergängen zu starten. Wir, das hieß in diesem Falle natürlich Manfred und ich, denn ohne ihn wäre ich bestimmt keine fünf Meter gelaufen.

Seit meinen Spaziergängen in der Reha war mir durchaus bewusst, dass mir das Gehen an der frischen Luft guttat und mich nicht nur körperlich, sondern auch mental stärkte. Und trotzdem war es eine große Überwindung. Allein schon vor die Tür zu gehen, benötigte einen dezenten Schups von Manfred. Das war pure Angst vor dem Ungewissen.

Ich vermutete wirklich hinter jeder Ecke eine Gefahr. Jeder Schritt, jeder Meter war eine Tortur und doch ein Schritt zurück in meine Freiheit.

Für unseren ersten Ausgehversuch wählten wir einen gemütlichen Weg an einer Ache entlang. Dort stehen nämlich in regelmäßigen Abständen Sitzbänke. Und das hieß für mich: Fixpunkte, an die ich mich im Notfall halten konnte. Also eigentlich der perfekte Plan für unser Vorhaben, möchte man zumindest meinen, doch die Umsetzung war weit anstrengender als gedacht. Ich war so schreckhaft, dass ich, schon beim Losgehen, bei jeder Kleinigkeit zusammenzuckte. Ich konnte weder Geräusche noch Entfernungen richtig zuordnen. Wir waren, glaube ich, keine zwanzig Meter von unserem Haus entfernt, da hörte ich ein Auto, das jedoch weit weg war, und ging sofort in Deckung. Ich dachte, das überfährt mich gleich! Das war schräg.

Wir gingen ganz langsam an dieser Ache entlang und schafften es gerade mal so zur ersten Sitzbank. Dort machten wir eine kurze Pause, damit ich Kraft sammeln konnte. Das war schön. Dann flog aber plötzlich ein Spatz an mir vorbei und ich schrak hoch, als ob ein Luftangriff auf mich gestartet würde: „Alter Schwede, muss das sein?" Ich war komplett überfordert mit all den Informationen. Von „genieß den kleinen Ausflug" war ich weit entfernt. Manfred bemerkte natürlich, dass ich total unter Stress stand, also meinte er, es wäre besser, wenn wir es für den ersten Versuch gut sein lassen. Dem konnte ich nur zustimmen. Also gingen wir wieder los und ich versuchte, mich nur auf den Weg zu konzentrieren. Das war aber gar nicht so einfach, da mein linker Fuß nun immer häufiger einknickte, zur Seite schlenkerte und ich manchmal das Gefühl hatte, ich steige ins Leere. Noch dazu begann ich selbst heftig zu schwanken. Das passierte mir immer dann, wenn ich müde wurde. Ich glaube, ich hielt mich damals nicht nur an Manfred fest, sondern krallte mich an ihn. Und er, mein Held, ließ mich keine Sekunde aus den Augen. Er stütze mich, so gut er eben konnte, und sprach mir immer wieder Mut zu. Nicht nur einmal strahlte er mich an und meinte: „Du machst das so toll, mein Schatz, wirklich unglaublich, was du schon alles geschafft hast." Das war so süß von ihm. So anstrengend es auch war, machte es mich ein wenig stolz und happy. Wir wagten es jeden Tag aufs Neue. Am Anfang waren es vielleicht 20 Minuten, die ich schaffte, doch im Laufe der Zeit ging es immer besser. Ich hantierte mich sozusagen von Woche zu Woche eine Sitzbank weiter. Schön langsam, Stück für Stück, immer die nächste Bank vor Augen mit dem endgültigen Ziel: Wieder vollkommen fit zu werden. Und das hat auch ganz gut geklappt, denn irgendwann drehte ich sogar alleine meine Runden. Alleine!

***

Körperlich ging es mir also schon recht gut, da wurde ich sukzessive stärker, aber meine Psyche wollte noch immer nicht mitmachen. Meine Unsicherheiten und Ängste bzw. Panikattacken machten mir zu schaffen, die verschwanden leider nicht von alleine. Es hätte durchaus eine Unterstützung oder Lösung in Tablettenform gegeben, das war für mich aber keine Option. Für die Ängste, die ich hatte, gab es einen Grund und der war mir ja wohl bekannt. Der Auslöser war das Trauma, das war klar. Somit wusste ich, wo es herkam, aber leider noch nicht, was ich dagegen tun konnte bzw. wie ich mir selber helfen konnte. Es war mir wichtig, auch mental wieder vollkommen fit zu werden. Und es lag mir am Herzen, es ohne Medikamente zu schaffen. Aber wie sollte das gehen, das war die große Frage. Mit einem Trauma dieser Größenordnung hatte ich schließlich noch keine Erfahrung.

So fing ich an zu recherchieren, was man in solchen Angstsituationen tun konnte. Und nach unzähligen Internetrecherchen und guten Vorschlägen von Therapeuten, Freunden und Bekannten fand ich tatsächlich Hilfsmittel, die zu mir passten. Ich fand meinen eigenen Weg aus der Krise – meine eigene wunderbare Mischung.

Ich startete damit, all meine Gedanken niederzuschreiben, begann, Mandalas zu malen und Fachbücher zu lesen. Dieses Niederschreiben meiner Gedanken war sicher eine Art der Aufarbeitung, denn mit jedem geschriebenen Satz nahm ich dem Erlebten ein wenig die Intensität. Dieses Überdimensionale, Unfassbare, Einschüchternde verlor ein wenig an Größe und wurde greifbarer. Ich akzeptierte, was passiert war und gab mir selbst das O.K., zu heilen. Ich haderte nicht mit dem Schicksal, ich nahm es an.

Das Malen der Mandalas hatte eine positive Auswirkung auf meinen Geist und meinen Körper. Es wirkte beruhigend und half mir, Stress abzubauen. Und aus den Fachbüchern lernte ich, wie wichtig es ist, den Fokus in Angstsituationen auf andere Dinge zu lenken. Und zwar in etwas Positives, Beruhigendes. Klingt auch wieder einfach, oder? War es aber nicht. Das war harte Arbeit. Einmal Hölle und retour. Aber wie sagt man so schön: ohne Fleiß kein Preis. Scherz beiseite, wenn man nach einem Trauma wieder ein normales Leben führen möchte, muss man kämpfen, da muss man etwas tun, da muss man selbst etwas dazu beitragen. Wer stillsteht, bleibt in der Angst gefangen. Das wäre kein lebenswertes Leben für mich gewesen. Ich wollte LEBEN mit all meinen Sinnen, glücklich und zufrieden.

Zum Glück fand ich diesen, meinen eigenen Weg, mein Werkzeug, um mit den Ängsten klarzukommen, und lernte viel dazu. Nicht nur über Ängste im Allgemeinen, nein, auch über mich. Ich lernte mich neu kennen. Mein Genesungsweg wurde zu einer interessanten, spannenden und sehr intensiven Reise. Ich entdeckte eine Seite an mir, die ich vorher nie für möglich gehalten hatte. Ich lernte zu Chanten. Ich entdeckte tatsächlich die Kraft der Mantra-Meditation[7] für mich, die ich in Stress- oder Angstsituationen verwendete. Das konnte eine Silbe sein, ein Wort oder auch eine ganze Phrase. Flüsternd, sprechend oder auch still im Geist wiederholte ich Mantras bis zu 108-mal. Manchmal schaffte ich es sogar, wie in Trance zu sein. Ich war vollkommen bei mir.

Dieser spirituelle Weg gefiel mir, sehr sogar. Es hatte etwas Sanftes, Liebevolles und Wärmendes. Es erfüllte mich. Und manchmal ähnelte es sogar dem Gefühl, das ich hatte, als ich im Koma meinen Papa gesehen habe. Reine Liebe. Selbstliebe? Möglich. Jedenfalls war es wunderschön.

Kurzum und das war das Wichtigste: Es half mir und tat mir gut. So gut, dass ich anfing, ständig mit diesen Mantras zu arbeiten. Ich eignete mir eigene Rituale an. So kombinierte ich bei meinen Spaziergängen die erlernten Worte oder Glaubenssätze mit bestimmten Handbewegungen. Vollkommen fasziniert von der altindischen Sprache Sanskrit und dem festen Glauben daran, dass es mir helfen könnte, sprach ich zum Beispiel das Mantra für Heilung *Ra Ma Da Sa, Sa Say So Hung* im Takt meiner Schritte und tippte dabei mit meinem Daumen auf jeden einzelnen Finger. Immer und immer wieder. Oder ich sprach:

> *Danke für diesen Tag.*
> *Danke für das, was war.*
> *Danke für das, was ist.*
> *Danke für das, was kommt.*
> *Danke für das, was ich geben darf*
> *und danke für das, was ich haben darf.*

Auch dazu verwendete ich immer dieselben Handbewegungen. Mit diesem ständigen Wiederholen wog ich mich in Sicherheit und stärkte mein Vertrauen. Ich war in diesen Momenten vollkommen fokussiert und bei mir, ich bestärkte meinen Wunsch zu heilen und bestärkte mich und meinen Glauben daran, dass alles wieder gut wird.Aus einem Impuls heraus begann ich, immer an

---

7 im Hinduismus, Buddhismus verwendete Formeln, die gesprochen oder gesungen werden

derselben Stelle meines täglichen Rundganges kleine Grashalme oder Blätter in die Ache zu werfen. Ich ordnete jeden Grashalm und jedes Blatt einer Sorge zu, die ich in diesem Moment gerade empfand. Ich blieb auf einer Brücke, die über die Ache führt, stehen, atmete tief ein und ließ beim Ausatmen Halm für Halm oder Blatt für Blatt ins Wasser fallen. Immer mit denselben Worten: *„Ich danke dir für die Zeichen, die du mir gibst, ich lasse dich in Liebe gehen."* So schickte ich meine Ängste mit dem Wasser fort. Dann ging ich den Weg weiter, sprach in Gedanken meine Mantras und betrachtete den Verlauf des Wassers. Es war eine natürliche, positive Kraft, die davon ausging. Das Fließen des Wassers – der Fluss des Lebens – Energiefluss – in Bewegung bleiben – der Lauf des Lebens – Vertrauen in das Leben?

Irgendeine Verbindung besteht da, da bin ich mir sicher. Der Gedanke, dass das Wasser meine Ängste forttragen könnte, gefiel mir. Das war schön.

Es war eine Art Anker, woran ich mich festhalten konnte. Eine Therapie.

Beendet habe ich meine fast tägliche „Achenrunde" dann immer mit einem Ritual, das sich mit der Zeit einfach so entwickelt hatte. Dort steht am Gehweg eine riesige Plakatwand, danach kommen ein kleines Stück Stahlschiene eines Zaunes und ein alter Betonpfeiler.

Jedes Mal, wenn ich daran vorbeiging, berührte ich erst das Holz der Plakatwand, dann die Stahlschiene und zum Schluss den Betonpfeiler. Jedes Mal sprach ich dieselben Worte:

> *Kraftvoll wie Holz,*
> *hart wie Stahl*
> *und unverwüstlich wie Beton.*
> *Du bist stark,*
> *du bist mutig,*
> *du bist gesund.*

Ich habe keine Ahnung, wie oft ich diese Runde ging, wie oft ich dort vorbeikam oder diese Worte sprach, Tatsache ist, ich mache es heute noch.

Es gibt noch ein Ritual, das ich mir angeeignet hatte: Ich blieb stehen, wenn ich irgendwo Vogelfedern fand. Ich sah sie mir ganz genau an, spürte in mich hinein und wenn ich das Gefühl hatte, ich sollte sie hochnehmen, tat ich das mit den Worten *„Ich nehme sie an in Liebe und danke dir dafür"* und schickte eine Kusshand Richtung Himmel. Und glaubt es oder nicht, jedes Mal, wenn ich das tat, passierte etwas Positives in meinem Leben. Manfred kann es bezeugen. Manchmal hatte ich das Gefühl, als ob mir mein Schutzengel (Papa?) ein Zeichen geben würde. Ich weiß, das klingt komisch (für manche vielleicht sogar lächerlich).

Daran kann man nun glauben, muss man aber natürlich nicht. Mir jedenfalls hat es geholfen und hilft mir immer noch.

Eigentlich ist es vollkommen egal, woran man glaubt, das ist schließlich jedem selbst überlassen. Wichtig ist nur, dass man auch in schwierigen Situationen die Hoffnung und den Glauben nicht verliert. Den Glauben an sich selbst, an etwas Gutes, Positives und die Hoffnung, dass alles wieder gut wird. Der Glaube verleiht die Kraft, um bis dahin durchzuhalten. Wenn man heilen will, muss man daran glauben. Der Glaube gibt dir Halt, dann wird Hoffnung zu Zuversicht.

Ich wusste damals nicht, ob es für mich funktionieren würde oder ob dieser Weg für mich der richtige sein würde, ich versuchte es einfach. Ich wollte daran glauben, weil es mir guttat. Ich lernte nicht, mit der Angst umzugehen – ich lernte, sie zu akzeptieren. So verlor ich ganz langsam die Angst vor der Angst.

Zusätzlich zu meinem angeeigneten mentalen Training hatte ich noch zwei außergewöhnliche Therapeuten, die mich in ihre fähigen Hände nahmen und auf meinem Genesungsweg begleiteten. Zum einen machte ich eine spezielle Lichttherapie, die den Energiefluss des Körpers wieder in Schwung brachte und die Selbstheilungskräfte aktivierte. Zum anderen waren es Lymphdrainage-Massagen, die nicht nur unglaublich guttaten, sondern auch meinem Körper dabei halfen, das Trauma zu verarbeiten. Glaubt es oder nicht: Es gibt eine Körpererinnerung nach Traumata. Das heißt, ein Trauma oder ein Schock kann dir im wahrsten Sinne des Wortes in den Knochen stecken bleiben. Ein psychischer Schock kann sich körperlich äußern. Wenn eine Person zum Beispiel durch ein schlimmes Erlebnis traumatisiert wurde, entwickelt der Körper ein übermäßiges Ausmaß an Energie zur Selbstverteidigung. Und wenn diese Energie nicht angemessen durch den Kampf-Flucht- Mechanismus entladen werden kann, bleibt sie im Körper gespeichert. Um dem Körper dann die Chance zu geben, diese aufgestaute Energie wieder loszuwerden, sollte man ihn durch lockernde Massagen unterstützen oder ihm erlauben, sich „laufend" zu heilen – in Bewegung. Somit war meine Theorie bewiesen – gehen hilft!

Woran auch immer man also glaubt, wie auch immer man es gestaltet und handhabt, ist jedem selbst überlassen, wichtig ist nur, dabei auch in Bewegung zu bleiben. Den Genesungsweg wirklich zu gehen. Es hilft dem Körper und der Seele.

Zu meinem großen Glück hatte ich nun diese zwei zauberhaften Menschen an meiner Seite, die mir nicht nur durch ihre Behandlungen, sondern auch durch ihre liebevolle Art eine unschätzbare Stütze waren. Ich glaube, es war die perfekte Mischung aus allem, die mir zurück geholfen hat. Die Lichttherapie, die Massagen, Physiotherapie, die Bewegung, das Meditieren, der positive Zuspruch von Familie und Freunden und natürlich die Liebe von Manfred und Valentina. Das war vermutlich mein größtes Auffangnetz, denn ohne die beiden hätte ich es nicht geschafft. Geliebte Menschen an seiner Seite zu haben und nicht alleine zu sein, ist nämlich genauso wichtig wie jede Art der Medizin. Auch das ist wissenschaftlich erwiesen: Wenn man das Gefühl hat, allein zu sein, während man etwas Schlimmes durchmacht, verschlimmert sich die Situation und sogar der Krankheitsverlauf. Damit dein Körper und deine Seele heilen können, brauchst du so Positives wie nur möglich.

Du musst dein Leben in Liebe hüllen. Ich weiß, das klingt schon wieder so kitschig.

Ich hatte das positivste Umfeld, das man sich wünschen kann, und trotzdem war es ein verdammt harter und langer Weg. Eine lange, intensive Reise, denn alles in allem dauerte es über zwei Jahre, bis ich mehr oder weniger wieder die „Alte" war. Oder die „neue Alte".

Durch das ständige Wiederholen bestimmter Abläufe und die Verknüpfung mit positiven Erfahrungen verlor ich meine Unsicherheiten. Meine Ängste waren nicht mehr so intensiv und ich schaffte es, mich in meinem neuen Leben etwas wohler zu fühlen. Es wurde leichter, war nicht mehr so überwältigend oder einschüchternd. Bei normalen Tagesabläufen schien die alte Routine sogar zurückzukommen. Ich fühlte mich sicherer. Ganz zurück war ich aber noch nicht, denn ein paar größere Hürden hatte ich noch vor mir. Wie z. B. selbst mit dem Auto zu fahren, um irgendwann wieder alleine Einkäufe erledigen zu können.

Ich weiß noch, wie Manfred und ich nach einer Kontrolluntersuchung in Innsbruck auf dem Weg nach Hause waren. Eigentlich fragte er mich ganz beiläufig, wann ich denn versuchen wolle, wieder selbst zu fahren. Die Vorstellung machte mich nervös.

„Ich weiß nicht, irgendwann!" Ich meisterte meinen Alltag ja schon recht gut, aber selbst mit dem Auto zu fahren, schien mir doch eine Nummer zu groß. Manfred beließ es bei der Frage, da er mich nicht unter Druck setzten wollte und fuhr gelassen weiter. Wir sprachen über dies und das, ich sah aus dem Fenster, dachte über seine Frage nach und warum auch immer sagte ich plötzlich: „Ich mache es."

„Du machst was?"

„Bleib stehen, ich mach es. Ich fahre nach Hause."

„Was?" Manfred sah mich total erstaunt an und tat es erst als Scherz ab.

„Bleib stehen, ich fahre nach Hause." Ich dachte mir, wenn nicht jetzt, wann dann? Ich wusste, je länger ich warten würde, desto schwieriger würde es werden. Ich musste diesen mutigen Moment, den ich gerade hatte, nutzen. Vielleicht wollte ich auch, dass Manfred stolz auf mich war. Dass er sieht, dass ich mich wirklich bemühe. War natürlich kompletter Quatsch, denn er war immer stolz auf mich. Er war schließlich ständig dabei und hat hautnah miterlebt, wie ich mich zurückkämpfte. Jedenfalls blieb er auf einem Parkplatz, der so knapp sieben Minuten von unserem Haus entfernt ist, stehen und wir tauschten die Plätze. Hut ab vor seinem Mut, denn das ganze Unterfangen hätte auch in die Hose gehen können. Tat es aber nicht, zum Glück. Ich setzte mich ans Steuer und dachte: Das wird schon schief gehen, das ist wie Radfahren, so etwas verlernst du nicht. Abgesehen davon warst du immer eine gute und sichere Fahrerin und bist auch gerne Auto gefahren.

Natürlich schlotterten mir die Knie, ich wusste ja schließlich nicht, wie mein Gehirn auf all die Informationen reagieren würde. Lenken, schalten, auf den Verkehr achten, die vorbeiziehende Straße im Auge behalten usw. Ihr wisst, was ich meine. Ich war super nervös und mutig zugleich, denn in dem Moment wollte ich einfach, dass es klappt. Vielleicht war es, wieder einmal, der Wunsch nach Selbstständigkeit oder Kontrolle. Das ersehnte Gefühl, mein Leben im

Griff zu haben. Was auch immer. Mein Mut wurde jedenfalls belohnt. Gerade einmal sechs Monate nach meinem Aneurysma manövrierte ich uns bravourös mit dem Auto nach Hause. Fast unglaublich. Ein weiterer Meilenstein für mich. Es machte mich so stolz und glücklich und motivierte mich dazu, die nächste große Hürde in Angriff zu nehmen: singen. Wieder einmal richtig zu singen, laut und eventuell vor Publikum.

Kapitel 11

2020/21 war es lange Zeit kein Thema, da wir durch den Lockdown und all die Verbote gar nicht die Möglichkeit hatten, als Band aufzutreten. Wenn man es ehrlich betrachtet, kamen mir diese Verbote sogar zugute, denn durch diese auferlegte Pause hatte ich eindeutig mehr Spielraum, um zu gesunden. Der Druck, als Sängerin so schnell wie möglich wieder voll zu funktionieren, fiel weg. Gott Lob, denn so hatte ich nicht ständig dieses miese Gefühl, die Band im Stich zu lassen.

Den Versuch zu singen hatte ich lange Zeit beiseitegeschoben, sozusagen ad acta gelegt. Anfangs wäre ich dazu auch gar nicht in der Lage gewesen. Dafür war ich viel zu schwach. Doch der Gedanke daran war ständig im Hinterkopf. Ich hatte hin und wieder versucht, ein wenig zu summen, aber richtig zu singen hatte ich mich nie getraut. Ich machte mir große Sorgen: Was, wenn ich überhaupt nicht mehr singen kann? Was, wenn im Kopf etwas kaputt gegangen ist und es schlichtweg nicht funktioniert? Ach Quatsch, wenn du sprechen kannst, kannst du auch singen, Andrea. Aber was, wenn nicht? Noch dazu, was ist mit meinen Stimmbändern? Was, wenn sie womöglich durch die Intubation verletzt worden sind? Bei einer Untersuchung hatte eine Ärztin entspannt gemeint: „Es sieht alles ganz normal aus, versuchen Sie es einfach." Versuchen Sie es einfach – klingt super. Nur so einfach war das für mich nicht. Dafür war und ist mir die Musik viel zu wichtig. Vermutlich identifizierte ich mich sogar über die Musik. Sie war und ist ein Teil von mir. Ohne Musik bin ich nicht ich. Welch furchtbarer Gedanke: Was, wenn ich nie mehr Musik machen kann?

Klar war ich verunsichert, ich hatte ja keine Ahnung, was passieren würde, wenn ich singe. Vor allem, wenn ich laut singe. Was passiert mit der Operationsnarbe oder dem Clipping? Würde dann zu viel Druck entstehen, könnte womöglich etwas platzen, hält die Narbe das aus? Gott, war das überhaupt eine gute Idee, was wenn … Ich war ständig am Grübeln. Die Ärzte versicherten mir zwar, dass nichts passieren könne, aber mal ganz ehrlich, da waren kein Sänger und keine Sängerin dabei, also hatten die in meinen Augen ja wohl keine Ahnung. Woher sollten die wissen, was da los ist?

Half aber alles nichts; um herauszufinden, ob ich überhaupt noch singen konnte, gab es nur eine Möglichkeit: Ich musste über meinen Schatten springen und es tun. Da ging kein anderer Weg vorbei.

Um meinen ersten Versuch zu starten, brauchte ich ziemlich lange. Ich benötigte erst einen Plan, um richtig an die Sache herangehen zu können. Zum Glück hatte ich durch meine langjährige Erfahrung und meine Ausbildung zum Vocal-Coach eine leise Ahnung, wie es am besten funktionieren könnte. Schließlich musste ich mich und vor allem meine Stimmbänder erst wieder an die Arbeit gewöhnen. Also begann ich nur damit, verschiedene Songs über Kopfhörer anzuhören. Einfach nur zuhören und hinein fühlen. Instinktiv wählte ich Lieder, die mir schon immer viel bedeutet hatten. Ich ging mit meinen Kopfhörern bewaffnet gefühlte hundert Mal den Flur entlang und ließ mich von den Melodien berieseln. Immer und immer wieder dieselben Lieder. Meine Liebe zur Musik war ohne Zweifel ungebrochen, und doch quälte mich ein eigenartiges Gefühl. Dieses „Was ist, wenn …" spukte mir ständig im Kopf herum. Ich wünschte mir die alte Vertrautheit zurück, die Selbstverständlichkeit. Das berauschende Gefühl, mit den Songs eins zu sein. Das war aber natürlich noch nicht da, ich war blockiert und hatte Hemmungen, mich auf die Lieder einzulassen. Innerlich kämpfte ich mit mir selbst. Als ob ich meine Arme ausstrecken und sagen würde „bitte rette mich" und dabei Angst vor den Gefühlen hätte, die auf mich zukommen würden. Wie kann man Angst vor etwas haben, das man so sehr liebt?

Ich traute mich nicht, mich zu öffnen, da ich wusste, was Musik in mir auslösen kann. Aber irgendwann musste ich mich dem stellen und mich darauf einlassen, um zurückzufinden. Zurück zu dem Gefühl der Vertrautheit. Zurück zu mir.

Ich dachte, vielleicht könnte mir etwas helfen, das noch persönlicher war. Also nahm ich all meinen Mut zusammen und hörte mir bewusst unsere eigene CD an. Und schon beim vierten Titel konnte ich meine Tränen nicht mehr halten. Ich war vollkommen überwältigt von all den Emotionen, die da hochkamen. Es waren genau die Lieder, die mir Manfred im Koma vorgespielt hatte und ich auch während meiner Aufwachzeit ständig hörte. Ihr könnt euch nicht vorstellen, was da ausgelöst wurde. Das war so intensiv. „I'll carry you home" –

„Ich werde dich nach Hause holen". Shit, das tat weh. Körperlich weh. Ich hatte immer schon eine tiefe Bindung zur Musik, aber das war jetzt richtig heftig. Ich verstand den Text nicht nur, ich konnte ihn fühlen.

Natürlich war gerade dieser Song ein Trigger, der all das Erlebte hochkommen ließ. Der Gedanke, fast gestorben zu sein, war voll da. Ich konnte nur noch meinen Tränen freien Lauf lassen. Mein Gott, wo gehst du da durch? Vor mich hin schluchzend, lief ich auf dem Flur wie ein verschrecktes Reh hin und her und versuchte, den Schmerz durch Bewegung zu mildern. Ich erkannte, dass ich versuchte, dem Schmerz davon zu laufen. Voll und ganz konzentrierte ich mich auf die Melodie, auf meine Bewegungen und versuchte, meinen Atem zu spüren.

Und auf einmal hatte ich dieses intensive Gefühl, loslassen zu müssen und fing an zu tanzen. In diesem Moment wurde mir klar, ich musste diesen seelischen Schmerz annehmen, ich musste ihn zulassen, mich ihm stellen und nicht mehr dagegen ankämpfen. Und es funktionierte tatsächlich. Ein tiefer Atemzug, als ob ich das Leben in mich aufsaugen würde und dann wurde ich langsam ruhiger. Ganz langsam. Mein Puls ging nach unten und ich hatte nicht mehr das Bedürfnis, wegzulaufen oder mich in Sicherheit zu bringen.

Ich blieb stehen, wischte mir die Tränen weg, wählte ganz bewusst die Wiederholen-Taste und hörte mir den Song noch einmal an – und dann noch einmal und noch einmal. Immer und immer wieder. Und dann war sie da, diese tiefe Dankbarkeit. Es war wie eine Welle, die mich mit Wärme überflutete. Ich war einfach nur dankbar, noch am Leben zu sein. Was für ein schöner Moment, obwohl er so schmerzhaft war. Und von da an fühlte ich mich leichter, freier oder befreiter. Als ob ich mich von einer Kette der Vergangenheit hatte lösen können. Ich hörte mir unsere CD unzählige Male an, bis ich irgendwann spürte, dass es nun o.k. war. Zuerst summte ich mit, dann begann ich, mitzusingen. Ganz locker. Aus ein, zwei Sätzen wurden kurze Passagen, daraus wurde ein ganzer Refrain und irgendwann schließlich ein ganzes Lied. Ehrlich gesagt war es ziemlich befremdlich, da meine Stimme anders klang. Sie klang fremd. War das überhaupt noch ich? Meine Stimmfarbe hatte sich leicht verändert und natürlich fehlte mir die Kraft. Alles in allem war es eine ziemlich wackelige Angelegenheit. Irgendwie verständlich, aber auch einschüchternd. Mir war vollkommen bewusst, dass es noch einiges an Training benötigen würde, um wieder da hinzukommen, wo ich früher gewesen war. Das war harte Arbeit klar, aber: Ich konnte noch singen. Und das machte mir Mut und schenkte mir neue Kraft.

So begann ich auch, Mantras, die ich gelernt hatte, nicht nur zu sprechen, sondern zu singen. Ich hatte meine perfekte Verbindung von Spiritualität und Musik entdeckt.

Das war wie Medizin für mich. Meine Medizin. Eines meiner liebsten Mantras singe ich, jetzt noch, fast täglich. Egal wann oder wie, ob leise oder laut, oder nur in Gedanken – das ist einer meiner Anker:

> *In the stillness I am safe,*
> *in the stillness I am free,*
> *in the stillness I am coming home to me.*

Ich bin überzeugt davon, dass das die Verbindung zwischen meiner alten Welt und der Welt, in der ich mich nun befand, war. Musik und Spiritualität. Positive Worte in zarten Melodien, das erzeugt eine ganz eigene Schwingung. Es erzeugt positive Energie und das wiederum hat eine heilende Wirkung. Das ist sogar wissenschaftlich erwiesen. Musik im Allgemeinen hat schon eine positive Wirkung auf die Gesundheit und in Kombination mit motivierenden Affirmationen hat sie mir sehr geholfen. In einer psychologischen Studie wurde festgestellt, dass während man singt, der Bereich im Gehirn geblockt wird, der Angst auslöst. Man kann also nicht gleichzeitig singen und Angst haben. Toll, oder?

Jawohl, es ging voran. Mit jedem noch so kleinen Erfolg wurde mein Selbstvertrauen gestärkt. Ich fand mich im Alltag zurecht, konnte wieder Auto fahren, selbst Einkäufe erledigen, meinen Haushalt führen, alleine spazieren gehen usw. Und natürlich singen, das war das Schönste. Es kostete mich zwar alles eine Unmenge an Energie und ich brauchte ständig meine Pausen, da ich nie lange durchhielt, aber wie gesagt: Es ging voran. Ich hatte mich mit meinen Schwächen arrangiert, konnte mich frei bewegen, traf immer häufiger Freunde und konnte schon fast ein normales Leben führen. Ein Leben wie früher. Die Betonung liegt aber auf fast. Denn etwas fehlte mir immer noch: Das Singen vor Publikum. Einerseits wollte ich so schnell wie möglich zurück auf die Bühne, andererseits hatte ich unheimlich Respekt davor, denn insgeheim wusste ich, dass es vermutlich noch zu früh war. Vielleicht war es sogar Angst, zu versagen. Ich war gesangstechnisch noch nicht auf der Höhe und auch körperlich noch nicht stark genug, um einen kompletten Auftritt zu absolvieren.

Fünf Stunden durchzuhalten, zu singen, zu tanzen und mich zu konzentrieren, war noch Wunschdenken. Mir war klar, dass ich Zeit brauchte. Die Stimmbänder sind Muskeln, die man genauso trainieren muss wie jeden anderen Muskel im Körper. Wenn ich also stärker und besser werden wollte, musste ich üben, viel üben. Nun, das machte ich auch. Ich wiederholte gewissenhaft meine Übungen, achtete immer darauf, mich nicht zu überanstrengen, und träumte von einem Auftritt in naher Zukunft.

***

Als diese Möglichkeit jedoch plötzlich da war, geriet ich ins Schleudern. Manfred kam eines Tages auf mich zu und meinte: „Schatz, ich hätte eine Anfrage für uns beide. Es geht um eine Gedenkfeier, die wir gestalten könnten. Also maximal fünf Lieder, es wäre im Freien und …"

„Gedenkfeier? Für wen?"

„Ähm … also das wäre in einem kleinen Rahmen. Wie gesagt im Freien, also keine große Messe in der Kirche, und die Mama des Verstorbenen würde es sich so sehr wünschen, da sie ein großer Fan von uns ist, also von dir … Und sie weiß schon, dass es noch etwas früh ist, aber du wärst perfekt dafür." Das machte mich jetzt nervös, seit wann druckste Manfred so herum?

„Was heißt das jetzt genau? Wieso Mama, wie alt war er denn? Und wieso wäre ich perfekt dafür?" Manfred sah mich mit großen Augen an und ich merkte, dass er darüber nachdachte, wie er es am besten formulieren sollte. Es dauerte eine Weile, bis er mit der ganzen Wahrheit herausrückte: „Vor einem Jahr ist ihr Sohn an einem Aneurysma verstorben und da sie wegen der Corona-Verbote nicht die Möglichkeit hatten, eine normale Beerdigung zu halten, wäre es ihnen ein großes Anliegen, nun an seinem ersten Todestag eine ehrenvolle Gedenkfeier zu gestalten. Sie sehen es irgendwie als Zeichen, wenn gerade du für ihn singen würdest. Der junge Mann war 20 Jahre alt."

Instinktiv machte ich einen Schritt nach hinten: „Nein, niemals, das kannst du nicht von mir verlangen, das schaffe ich nicht!" Manfred nahm sofort meine Hand und versuchte mich zu bestärken: „Schatz, es würde ihnen wirklich sehr, sehr viel bedeuten. Sie würden es sicher verstehen, wenn du nein sagst, aber ich bin überzeugt davon, dass du das schaffst." Er streichelte mir sanft über meine Schulter, aber ich konnte nur den Kopf schütteln: „Nein, niemals, das kann ich nicht."

„Doch du kannst das, das weiß ich. Du bist viel stärker, als du denkst. Du bist eine Kämpferin, glaub mir das doch endlich." Herr im Himmel, welche Aufgaben willst du mir denn noch stellen? Habe ich das jetzt wirklich richtig verstanden? Der Mann war an einem Aneurysma gestorben?

„Es tut mir leid, das überfordert mich jetzt gerade. Lass mich nachdenken" war alles, was ich herausbrachte.

„Ja, natürlich", antwortete Manfred. Ich schnappte mir eine Jacke und setzte mich in den Garten. Ich hatte das Gefühl, mich erden zu müssen. Mir kullerten sofort die Tränen übers Gesicht. Es war mir kaum möglich, einen klaren Gedanken zu fassen. Wie sollte ich so etwas schaffen, wie sollte ich in solch einer Situation Lieder über den Verlust eines geliebten Menschen singen? Wie konnte ich dieser Frau nach so einem schweren Schicksalsschlag gegenübertreten? Ausgerechnet ich! Wie könnte ausgerechnet ich ihr in die Augen sehen und sagen: „Es tut mir so leid." Was für ein schrecklicher Gedanke. Dieser junge Mann hatte sein Leben doch erst vor sich. Warum hatte er keine Chance? Warum ich schon?

Ich fühlte mich schlecht. Mir war, als ob ich den Schmerz ihres Verlustes körperlich spüren konnte. Das war nicht einfach nur Mitgefühl, das war mehr. Als könnte ich seinen Schmerz spüren. Ich wusste, welchen Schmerz er hatte erleiden müssen.

Eine gefühlte Ewigkeit dachte ich darüber nach, wie ich mich verhalten sollte. Ich dachte darüber nach, was ich darüber denken sollte. Ich befand mich im Zwiespalt, fühlte mich dieser Aufgabe nicht gewachsen, nicht stark genug, hatte aber im Gegenzug ein schlechtes Gewissen, die Bitte der Mutter auszuschlagen. Alleine konnte ich nun beim besten Willen keine Entscheidung treffen, dazu brauchte ich Manfreds Unterstützung.

Also ging ich zurück ins Haus und bat ihn, mit mir darüber zu reden. Ich glaube, wir diskutierten fast zwei Stunden. Es tat gut, den Gefühlen einen Namen zu geben, es aufzuarbeiten und Verständnis zu schaffen. Verständnis für mich, für meine Gefühle, für die Trauer, die ich empfand und meine Ängste. Ich versuchte, auch diese Situation anzunehmen. Nicht dagegen anzukämpfen oder in Mitleid zu versinken, sondern es zuzulassen. Und je mehr Verständnis ich fand, desto klarer wurden meine Gedanken. Es ging nicht um mich oder meinen Schmerz, es ging um ihren Schmerz und ihren Verlust. Es ging einzig und allein um eine Mutter, die sich aus reiner Liebe zu ihrem Sohn eine schöne Zeremonie wünschte!

Und plötzlich entdeckte ich noch etwas. Es gab wirklich eine Verbindung. Das Datum der Gedenkfeier war der 11.06.2021. Genau sieben Monate nach meiner überstandenen Not-OP am 11.11.2020. Wenn ich zusagen würde, würde ich genau sieben Monate nach meinem Aneurysma das erste Mal wieder offiziell singen. Bei einer Trauerfeier. Einer Trauerfeier, die ich damals nicht hatte singen können. Es war, als ob sich ein Kreis schließen würde. Als ob ich die Chance erhalten würde, damit abzuschließen.

So fasste ich tatsächlich den Entschluss, mit Manfreds musikalischer und auch mentaler Unterstützung die Gedenkfeier zu umrahmen. Ich wollte es wagen. Bei den Vorbereitungen dazu stellte sich jedoch schnell heraus, dass es weit schwieriger war, als gedacht. Die Situation war einfach zu emotional. Ich musste beim Singen immer wieder weinen.

In meiner damaligen Verfassung und mit den gefühlvollen Liedern, die bei so einer Zeremonie gewünscht wurden, war es schwer, einen klaren Kopf zu behalten. Ich musste Acht geben, dass meine Stimme nicht versagte. Sehr sorgfältige Vorbereitung war notwendig, um mich sicherer zu fühlen. Von der Anfrage bis zur Feierlichkeit waren es gerade einmal fünf Tage. Also nicht wirklich viel Zeit, um mich vorzubereiten. Aber ich gab mein Bestes. Als es dann so weit war, konnte ich meine Nervosität kaum verstecken. Meine Knie schlotterten und mir war fast übel vor Aufregung. Ich stand auf einem Friedhof inmitten von unzähligen Gräbern und versuchte krampfhaft, irgendeinen unverfänglichen optischen Punkt zu finden, auf den ich mich konzentrieren konnte. Ich hatte Angst, etwas zu vergessen oder etwas falsch zu machen. Das war Stress pur. Kurz vor Beginn sagte ich mit Tränen in den Augen zu Manfred: „Ich kann das nicht. Bitte lass mich gehen."

„Wie stellst du dir das vor? Ich kann doch nicht 15 Minuten vorher sagen, wir machen es doch nicht. Sieh dich bitte um, sieh dir den Ort an und erinnere dich, warum wir hier sind und warum du dich entschieden hast, es zu tun. Du schaffst das, ich weiß es." Sieh dir den Ort an – um Himmels Willen, ja, das tat ich doch gerade, das war ja der Punkt! Ich wollte am liebsten davonlaufen und mich in Sicherheit bringen, blieb aber wie erstarrt stehen.

Manfred nahm mich in seine Arme und flüsterte: „Ich weiß, dass es eine riesige Überwindung für dich ist. Ich kann nur erahnen, was jetzt gerade in deinem Kopf vorgeht, aber bitte glaub mir, ich kenne wirklich niemanden, der so stark ist wie du. Du machst das, ich weiß, du schaffst es." Ich wusste natürlich, dass es kein Zurück mehr gab. Ich musste all meinen Mut zusammennehmen und mich auf das konzentrieren, was in dem Moment wichtig war. Also wischte ich mir verstohlen meine Tränen weg, atmete tief durch, nickte den Trauergästen zu und wartete auf meinen Einsatz. Und glaubt mir, wenn ich sage, das war so ziemlich das Schwerste, das ich je machen musste.

Die Familie und die Freunde des jungen Mannes zu sehen und dann die Lieder zu singen, war so traurig. Ich konnte jeden Satz, den ich sang, schmerzhaft spüren. Wunderschöne Titel wie „Du fehlst", „Mögen Engel dich begleiten", „Teil von mir" und „Flugzeug aus Papier".

Alles wunderbare, gefühlvolle Lieder. Bei einer Textpassage ließen sie bunte Luftballons in den Himmel steigen. Das war so berührend. Ich musste mich ständig am Riemen reißen, um nicht laut loszuheulen. Und als ich dann noch „Und dann gehst" sang, war es wie ein Stich ins Herz.

> *Ma sog am End fliagst durch an Tunnel,*
> *am End vom Tunnel is a Liacht,*
> *und an die Wänd' sen lauter Bilder*
> *wo ma sei Leben nu amoi siag.*
> *Vielleicht siagst du grod dei Familie,*
> *am großen Tisch mit deine Freind,*
> *mia hom so ausgelossn gfeiert,*
> *aber an dem Tog vor Lochn gweint.*

Da dachte ich kurz, ich falle in Ohnmacht. Sing so etwas, wenn du sieben Monate zuvor selbst durch so einen Tunnel gegangen bist. Das war absolut grenzwertig.

Ich habe bestimmt nicht fehlerfrei gesungen, das möge man mir verzeihen, aber eines ist sicher, es gab selten jemanden, der so genau wusste, was er da singt. Es war herzergreifend traurig, schmerzhaft, super anstrengend und trotzdem schön. Ich habe es geschafft. Ich habe es tatsächlich geschafft und wieder gesungen.

Ich versuchte, mir nichts anmerken zu lassen, brauchte aber all meine Kraft, um bis zum Schluss durchzuhalten. Ich dachte die ganze Zeit nur: Halte durch, bis du im Auto sitzt.

Als die Zeremonie endete, half ich Manfred sofort, unser Equipment zusammenzupacken, um mich abzulenken. Wir verabschiedeten uns von der Trauerfamilie, schleppten die Sachen zum Auto und packten alles in den Kofferraum. Equipment rein, Kofferraum zu, Autotür auf, hineinsetzen und dann kam der Punkt, an dem alle Emotionen raus wollten. Ich konnte mich nicht mehr halten. Ich schluchzte vor mich hin und wusste nicht, wie ich es stoppen könnte. Ich sank in den Autositz wie ein Häufchen Elend. Es war ein Gefühl, als hätte man mir meine komplette Lebensenergie ausgesaugt. Vollkommen leer, keine Kraft mehr. Als ob es nur noch eine Hülle von mir gäbe. Dieses „zusammenreißen" hat mir meine ganze Energie geraubt.

Manfred bemerkte sofort, dass er die Situation irgendwie retten musste, also quasselte er einfach drauflos. Er versuchte, mich abzulenken und mich mit meinem Bewusstsein ins Hier und Jetzt zurückzuholen. Dann nahm er mich plötzlich ganz fest in den Arm und flüsterte:

„Alles ist gut."

„Nein, ist es nicht", schluchzte ich.

„Doch mein Schatz, alles ist gut. Was du heute geleistet hast, war unglaublich. Das kann man kaum nachvollziehen. Ich glaube, keiner von uns weiß, was du jetzt fühlst."

„Aber es war nicht fehlerfrei, ich wollte es doch richtig machen!"

„Du hast alles richtig gemacht. Du hast unter schwersten Bedingungen dein Bestes gegeben. Du bist wirklich der stärkste Mensch, den ich kenne."

„Nein, bin ich nicht. Ich bin kaputt, gebrochen, hilflos. Warum tut das so weh?"

„Weil du ein gefühlvoller Mensch bist und Dinge erlebt hast, die schwer zu fassen sind." Zärtlich drückte er meine Hand. Wie Recht er hatte, es war immer noch schwer zu fassen. Immer noch surreal und doch greifbar, da es körperlich schmerzte.

„Es tut mir so leid", flüsterte ich.

„Ich weiß, Schatz."

„Der Junge ist gestorben, er ist tot und er hat das erlebt, was ich auch erlebt habe. Das tut mir so leid."

Verständnisvoll nickte Manfred. „Ich weiß, Schatz, ich weiß. Beruhige dich. Wir fahren jetzt nach Hause, dann gehen wir eine kleine Runde spazieren und du wirst sehen, danach geht es dir besser."

„Ja, bitte."

„Und wie sagst du immer, was hast du gelernt: Man muss dem Schmerz Raum geben, ihn spüren, ihn zulassen, akzeptieren und ihn dann frei lassen, ihn bewusst gehen lassen."

„Ja, das stimmt. In Liebe gehen lassen." Manfred nickte nur, startete das Auto und ich sah ihn unter Tränen an und sagte: „Glaubst du, der Junge konnte auch in Liebe gehen? Nein, konnte er nicht. Aber heute haben sie ihm all ihre Liebe in den Himmel geschickt, mit den Luftballons."

„Ja Schatz, das haben sie."

Wir fuhren nach Hause, gingen spazieren und sprachen die ganze Zeit über das Erlebte. Und langsam wurde der Schmerz kleiner und es überwog die Freude daran, wieder singen zu können. Natürlich hätte es leichtere Wege gegeben, um mich in meinen Beruf zurückzuwagen, und wir hätten uns vermutlich auch noch länger Zeit lassen können, aber ich glaube, nein, ich weiß, es musste genau so sein. So schmerzhaft es auch war, es war gut so. Es war ein anderes Aufarbeiten des Geschehenen. Der Kreis hatte sich geschlossen. Ich fing dort an zu singen, wo ich fast mein Leben verloren hatte.

Es war der erste Schritt in die richtige Richtung, schließlich wollte ich irgendwann wieder auf der Bühne stehen. So wie früher, mit der ganzen Band. Ich war motiviert und ein wenig stolz darauf, was ich schon geschafft hatte, wusste aber auch, dass es noch ein langer Weg sein würde. Denn wie gesagt, um einen ganzen Auftritt durchhalten zu können, muss man körperlich und gesangstechnisch fit sein und das war ich einfach noch nicht. Und die Sicherheit fehlte mir leider auch. Aber ich war auf einem guten Weg dorthin bzw. ich war bereit dazu, mich auf diesen Weg zu machen. Ich trainierte fleißig, machte gewissenhaft meine Übungen und kämpfte dafür, in mein altes Leben zurückzukommen.

***

Wegen Corona waren unsere Auftritte lange auf Eis gelegt. Ich hatte kaum die Möglichkeit, die Jungs persönlich zu treffen, geschweige denn, mit ihnen Musik zu machen. Doch irgendwann wurden die Verbote gelockert und wir durften wieder musizieren. Zum Glück. Ca. acht Monate nach meinem Aneurysma hatten wir tatsächlich einen kleinen, aber gemeinsamen Auftritt. Die Aufregung war groß und die Wiedersehensfreude war noch viel größer. Man konnte deutlich spüren, wie froh jeder von uns war, dass ein klein wenig an „musikalischer" Normalität zurückkam. Ich konnte auch deutlich spüren, wie froh alle waren, dass ich noch mit an Bord war. Wir hatten nicht nur die Musik vermisst, sondern uns, als Band und als Freunde.

Es fühlte sich komisch an, wieder vor einer Bühne zu stehen und zuzusehen, was alles passiert. Irgendwie gewohnt und doch fremd, ein eigenartiges Gefühl. Ich kannte den Ablauf, ich wusste, was kommen würde und trotzdem war ich total nervös, zweifelte an mir selbst.

In meinem Kopf drehten sich die Gedanken wie ein Karussell: So toll, dass ich wieder dabei sein kann, das wird super! – Nein wird es nicht, sei doch mal ehrlich, das ist zu früh, das schaffst du nicht! – Doch das schaffe ich, die Jungs helfen mir dabei! – Wieso machst du das eigentlich, das ist zu früh, wie willst du das schaffen, wenn du sonst schon jede Stunde eine Pause brauchst? Du wirst dich blamieren! – Ach, das wird schon gutgehen, irgendwann muss ich wieder anfangen, sonst finde ich nie mehr zurück ...

Mit einem Übermaß an Respekt vor dem, was kommen würde und ziemlich weichen Knien stand ich neben der Bühne und sah zu, wie sie alles aufbauten. Ich versuchte zu lächeln und Scherze zu machen, um meine Unsicherheit zu überspielen. Ich dachte mir: Na ja, wird schon schiefgehen. Wenn du schwimmen willst, musst du eben manchmal ins kalte Wasser springen.

Beim Soundcheck legten sich alle voll ins Zeug, um es mir so angenehm wie möglich zu machen. Sie wussten, wie wichtig es war, dass ich mich wohlfühle. Die Jungs waren zuvorkommend, feinfühlig und verständnisvoll. Das war so süß! Es war, als würde ich nach Hause kommen. Ein schönes Gefühl. Trotzdem war ich ziemlich aufgeregt. Und als ich dann ein oder zwei Lieder gesungen hatte, wurde ich noch nervöser. Ja wirklich! Es war, als ob ich jemand anderen hören würde. Ich klang total fremd. Alles klang fremd, so anders als früher. Sogar die Jungs taten sich am Anfang schwer. Dass wir monatelang nicht hatten gemeinsam musizieren dürfen, machte die Sache nicht gerade einfacher. All die Verbote hatten ihre Spuren hinterlassen. Wir mussten uns erst wieder aneinander gewöhnen, uns musikalisch annähern, aufeinander hören, aufeinander einlassen. Die Distanz, die diese Corona- Geschichte hinterlassen hatte, war eine Hürde. Doch zum Glück sind die Jungs, was die Musik betrifft, alles „alte Hasen" und fanden schnell wieder in ihren „Move" zurück. Nur ich hatte meine Probleme damit. Meine Hürde war eben ein wenig größer.

Nach dem Soundcheck hatten wir eine kurze Pause, um uns zu stärken und umzuziehen, dann ging es los. Das erste Set war eigentlich ganz o.k. Die Betonung liegt hier auf „eigentlich". Ich versuchte, meine Unsicherheit zu überspielen und mich auf die Songs zu konzentrieren. Das gelang mir aber nur schwer, denn ich musste mich auf die Abläufe, die Musik und den Text konzentrieren. Das war anstrengend, aber noch machbar. Zum Glück wurden wir zusätzlich von unserem ehemaligen Sänger Horst unterstützt, so waren wir zum Singen zu dritt. Das heißt, wir konnten uns abwechseln und ich hatte weniger Songs zu singen. Das war eine große Hilfe für mich.

Ich versuchte, die Tatsache, wieder auf der Bühne stehen zu dürfen, zu genießen, konnte es aber nicht. Ich fühlte mich unwohl, unsicher und überfordert. Es wurde von einem Song zum nächsten immer anstrengender. Und plötzlich konnte ich nichts mehr hören, ich konnte die Instrumente nicht mehr orten, geschweige denn auseinanderhalten. Ich fühlte mich in die Enge getrieben, hörte nur noch ein lautes Brummen, als ob eine Marshall-Box den Geist aufgeben würde und hatte keine Ahnung, an welcher Stelle vom Lied wir uns gerade befanden. Ich versuchte, einfach weiterzusingen, den Ablauf abzurufen, wie ich es von früher gespeichert hatte. Rein nach Gefühl, wie im Blindflug. Panik kam in mir hoch und es schnürte mir die Kehle zu. Was sollte ich jetzt tun? Mein Gehirn konnte die ganzen Informationen nicht mehr verarbeiten. Es war wie am Anfang, als es, wenn es zu viel wurde, einfach auf Stand-by ging. Es konnte sich ausklinken, abschalten – Panik. Mein innerer Alarm schrillte immer lauter. Ich konnte aber nicht von der Bühne springen und davonlaufen. Diese Blöße konnte und wollte ich mir nicht geben. Also hielt ich durch, versuchte, mir nichts anmerken zu lassen, tänzelte hin und her, lächelte die Gäste an und schaute auf Manfreds Füße. Ich sah auf seine Füße, um zu sehen, in welchem Takt er mitwippte, damit ich nur ungefähr erahnen konnte, wo wir uns befanden und ich weitersingen musste. Ich schummelte mich irgendwie durch.

Als der Song dann vorbei war, lächelte ich weiter ins Publikum, bedankte mich für den Applaus, ging ganz nah an Manfred heran und flüsterte ihm ins Ohr: „Ich höre nichts mehr."

„Wie, du hörst nichts mehr, sollen wir deinen Monitor lauter machen?"

„Nein, ich kann nichts hören. Ich kann die Instrumente nicht mehr orten, ich kann sie nicht unterscheiden." Manfred sah mich mit riesigen Augen an: „Ach herrje, was tun wir jetzt?" Das war eine gute Frage. Nur hatte ich nicht wirklich eine Antwort darauf. Also meinte ich:

„Weitermachen und lächeln?" Mir war schlecht vor Angst. Ich schämte mich, hatte das Gefühl zu versagen. Es war mir so peinlich, denn es war mir bewusst, dass ich durch den Umstand, dass ich nichts hören konnte, auch nicht alles richtig sang. Ich machte Fehler und das war die reinste Folter für mich. Es war eindeutig noch zu früh.

Half aber nichts, jetzt waren wir nun einmal hier. Also ruhig bleiben und weiter machen. Dass wir uns beim Singen abwechseln konnten, kam mir nun wirklich zugute, denn dadurch hatte ich die Möglichkeit, mich zwischendurch etwas auszuruhen. Ich konnte mich und meine Stimme schonen. Das heißt, ich hörte Horst und Manfred zu und unterstützte sie nur mit dem Chorgesang. Das fiel mir dann ein wenig leichter und ich konnte mich wieder beruhigen und fokussieren. Und als ich das nächste Mal an der Reihe war zu singen, war es nicht mehr ganz so schlimm. Manfred hatte die Sets, in weiser Voraussicht, so zusammengestellt, dass die schwierigsten Songs unseres Repertoires nicht dabei waren. Trotzdem schaffte ich es mit Müh und Not, bis Mitternacht durchzuhalten, dann entließen mich die Jungs zum Glück nach Hause. Ich fuhr alleine durch die Nacht und war komplett fix und alle. Es war ein verdammt harter Weg zurück. Und damit meine ich nicht nur die Autofahrt.

Nun ja, so ging es für mich noch einige Monate weiter. Wenn ich ehrlich bin, kämpfte ich mich, alles in allem, drei Jahre zurück. Es gäbe noch viele Geschichten zu erzählen. Viele Geschichten, die ich erlebte bzw. erleben durfte. Wie schwer das „normale Leben" war oder manche Auftritte, wie viel Energie mich alles gekostet hatte und wie oft ich so nah an meine Grenzen kam, dass ich dachte: Wieso tust du dir das eigentlich an?

Und trotzdem machte ich weiter. Ich gab mein Bestes, machte Fehler, hatte Erfolgserlebnisse, hatte Rückschläge und manchmal sogar kurze Aussetzer, aber … ich gab nie auf. Ich hörte nicht auf, daran zu glauben, dass ich es zurückschaffe. Ich wollte zurück. Mit jedem kleinen Schritt, den ich nach vorne wagte, jeder kleinen Aufgabe, die ich ohne Angst bewältigen konnte, stärkte ich mein Selbstvertrauen. Ich lernte, mir selbst zu vertrauen, dem Leben wieder zu vertrauen und entdeckte mich dabei auf eine Art und Weise neu, die mich stolz macht. Ich bin nicht mehr die Andrea von früher, dafür habe ich zu viel erlebt. Ich sehe zwar so aus wie sie, klinge vielleicht wieder wie sie, verhalte mich meist wie sie, doch innerlich bin ich ein neuer Mensch. Stärker, glücklicher, zufriedener und über alle Maßen dankbar – alleine schon für die Tatsache, euch darüber berichten zu können und zu dürfen.

Meist sagt man: Ich habe gelernt, die Welt mit anderen Augen zu sehen. Doch nein, die Welt ist noch dieselbe. Ich habe gelernt, mich mit anderen Augen zu sehen. Vielleicht habe ich mich sogar gefunden. Stück für Stück, step by step.

Jeder Atemzug

Jeder Atemzug heißt Leben,
jeder Atemzug heißt Glück,
jeder Tag ist ein Geschenk,
sieh nur nach vorn' und nie zurück.
Lass dir nie die Hoffnung nehmen,
geh mutig stets voran,
glaub' an deine Stärke.
Und dass das Leben schön sein kann.

© Andrea Margreiter